理由がわかって
全体像が見えてくる

宗教で読み解く日本史

私立西大和学園中学校・高等学校社会科教諭
浮世博史

すばる舎

【はじめに】

歴史の重なりを《横から》見てみると……

「宗教」という視点で日本史を眺めることの重要性

わたしが以前つとめていた私立の中高一貫校は仏教系の学校でした。それもあり、授業中には宗教の話をよくしました。いや、「宗教」というと怒られるかもしれません。祈りや信仰の話だけではなく、祟《たた》りや怨霊《おんりょう》や妖怪などなど（この本も、いわばこうした〝脱線〟の延長線上にあるわけですが）、そういう歴史上の「小ネタ」を説明すると、退屈そうにしていた生徒も、瞳の奥に**それまでとはちがう輝き**が生まれます。

ただ、受験生としての生徒たちにしてみれば、それはやはり「雑談」で「脱線」。そこで、

「《こんな話、入試には出ない》と思っているだろうけれど、実はちがうんだよね」

と付け加えると、今度は、《え？》というような表情になる。

さて、左に示すのは、二〇一五年の東京大学の入試問題、日本史の第一問です。

日本列島に仏教が伝わると、在来の神々への信仰もいろいろな影響を受けることとなった。それに関する次の⑴〜⑹の文章を読んで、下記の設問A・Bに答えなさい。

⑴ 大和国の大神《おおみわ》神社では、神体である三輪山が祭りの対象となり、のちに山麓に建てられた社殿は礼拝のための施設と考えられている。

⑵ 飛鳥寺の塔の下には、勾玉《まがたま》や武具など、古墳の副葬品と同様の品々が埋納されていた。

⑶ 藤原氏は、平城遷都にともない、奈良の地に氏寺である興福寺を建立するとともに、氏神である春日神を祭った。

⑷ 奈良時代前期には、神社に寺が営まれたり、神前で経巻を読む法会《ほうえ》が行われたりするようになった。

⑸ 平安時代の前期になると、僧の形をした八幡神の神像彫刻がつくられるようになった。

⑹ 日本の神々は、仏が人々を救うためにこの地に仮に姿を現したものとする考えが平安時代中期になると広まっていった。

設問A　在来の神々への信仰と伝来した仏教との間には違いがあったにもかかわらず、両者の共存が可能になった理由について**2行以内**で述べなさい。

設問B　奈良時代から平安時代前期にかけて、神々への信仰は仏教の影響を受けてどのように展開したのか、**4行以内**で述べなさい。

これらは、まさに本書の第一章、第二章（【1】と【2】）で扱っていることで、読んでいただければそのまま解答することができると思います。

塾や六年一貫校の私立中高の教壇で生徒たちという聴衆《オーディエンス》を前に、**歴史というものの奥深さ**を語ってきて、気がつけばもう三十五年がすぎました。以前から思っていたことなのですが、わが国の歴史教育の現場で、多くの教師たちがやや軽んじていることがあるのではないか……それが、本書の大きなテーマである**「宗教」という視点**です。

おそらく戦前の歴史教育に対する反省や、「宗教教育」を禁じた憲法を意識してのことなどから（まさに「さわらぬ神に祟りなし」という諺《ことわざ》とも重なるような心のありようからも）宗教の問題を敬遠、タブー視する〝空気〟のようなものが、教える側に根強く残っているのではないでしょうか。しかし、前掲の東京大学の入試問題からもわかるように、**文化史の中での宗教のあり方はたいへん重視**されています。一見、「脱線」や「雑談」のように思える歴史の「ヨコの広がり」の話が、実は入試問題を解くには必要な場合が多いのです。

ここで唐突ですが、本書の帯《おび》（腰巻《こしまき》ともいうそうです）をご覧ください。

《史実の裏にはいつも「信仰の力」がうごめいている》

とあります。これは出版社の編集者が勝手に（？）つけた宣伝文句《キャッチコピー》で、「いつも」や

「うごめいている」に少々煽《あお》りの匂《にお》いも感じるのですが、そのすぐ左の《宗教の問題を真正面からとらえ直すことで、通説を覆《くつがえ》す新たな人物像や意外な側面が見えてくる》というのはいいえて妙です。少なくとも、帯の裏のほうにある、

《宗教をキーワードにすえることで、日本史はぐっと深く面白くなる》

というのは間違いない。もろ手をあげて賛成です（生徒たちの瞳の輝きが、それを証明しています）。歴史上の多くのできごとの背景には、そのときどきの人々がなにを信じていたか、すなわち**「宗教」のあり方**や**「信仰」の心**が影をおとしているものです。その具体例についてはのちほどお話しすることになりますので、脱線ついでに、ここで一つ質問です。

宗教とは直接的にはかかわっていなさそうで、じつはかかわってもいる話でもあるのですが、あなたは、**浦島太郎《うらしまたろう》はなぜ《亀《かめ》にのって》竜宮城に行ったか**、わかりますか？

脱線につぐ大脱線で、もはやだれもついていけない？？？（もう少しだけご辛抱《しんぼう》ください。あと少しで本筋に着地できます）……その昔、「イルカにのった少年」（城《じょう》みちるさんが歌いました）という歌謡曲がありましたが、べつに亀じゃなくても、よかったはずですよね？

彼はなぜ、イルカでなく亀にのらなければならなかったのか……この本を読めば、その謎が解けます（59ページ以降をご参照ください）。

その選択はどこまで「あなたのもの」か

かなり長い前フリでした。ようやく本筋にもどります。

わたしたちは日々、いろんなことをして生活をしていますが、あなたは今、どうしてそれを、そんなふうにしているのか、考えたことありますか？

たとえば、車に乗って家族でファミリーレストランに行きます。そして、駐車場に車を停める。どうしてそこを選びましたか？　そもそもなぜ、その日に家族で出かけてファミレスで食事をしようかなと思い立ったか、わかりますか？

わたしたちは日々「**選択**《せんたく》」（仏教では「せんじゃく」とも読みます＝189ページ参照）をして生活しています。でも、その選択、ほんとうに**あなたが自分の意思で選んだ《コト》や《モノ》**だと思いますか？

《自分の意思で、自分で考えて》やってきた……というように思っているコト、実は自分ではない《なにか》によって《選ばされている、選ばされてきた》としたら……

ご心配なく……なにか得体《えたい》の知れぬ、怪《あや》しげな話をしようとしているわけではありません。わたしたちは、それこそ日本が誕生して以来、さまざまな文化や伝統、しきたり、ならわし、場合によっては迷信など、**さまざまな《モノ》や《コト》の積み重ね**の中で生きていて、まったく気にしないだけで、あなたのまわりにそれらがあふれていて（あるいは、ひっそりと隠れていて）あなたを見守り、あなたを動かしてきているんです。

そんなの「あたりまえ」と思っていること、ありませんか？

それ、いつから「あたりまえ」なんでしょうか……そういうこと、ちょっと軽く、でも深く、考えてみませんか？　これが本書の裏テーマです。

宗教が心を支え、歴史を動かす……ミルフィーユ状の日本文化

「心」が人を動かします。「気持ち」が人の行動を決定し、さまざまな行為を為《な》さしめます。その気持ち、「精神」は、いったいどのように培《つちか》われてきたのでしょう？

現在のわたしたちの行動の源《みなもと》である「精神文化」。さまざまな時代の信仰、宗教……それを理解することは、**現在のわたしたち自身を知ること**になります。日本は無宗教の国だ、といわれる外国人の方もおられます。日本人には「信仰」がない、と……はたして「無宗教」でしょうか。けっして「無」ではありませんよね。

家には仏壇があって、神棚もあって、幼稚園や保育園はキリスト教の私立に通って、クリスマスパーティーもすれば、ハロウィンでも盛り上がり、お盆やお彼岸《ひがん》もある……子ど

もが生まれたら「お宮参り《みやまい》」、身内が亡くなったらお寺で「お葬式」……わたしたちのまわりには、実は「信仰」があふれていて、わたしたちは「なんでもあり教徒」なのかもしれません。教会に行っても、お寺に行っても、神社に行っても、わたしたちはむしろ敬虔《けいけん》な態度でその場で過ごすことができます。

これだけ科学が発達していても、合格祈願、安産祈願、厄払《やくばら》い、神にも仏にも祈りを捧《ささ》げて願いをうったえる……朝はテレビの星占いをみて、ラッキーカラーやラッキーナンバー、運不運の判定に一喜一憂《いっきいちゆう》しています。

日本の文化は、「**重層文化**」である、とよくいいます。さまざまな時代の、いろんな文化や思想や宗教が、まるでミルフィーユのように重なっています。

わたしたちは、それを**上から眺めて**いるんです。

いろんな時代、いろんな段階の《文化・思想・宗教》が重なり合っている……

どうでしょう？　それを**横から眺めて**みませんか？

では、わたしといっしょに、日本人の心の歴史を探ってまいりましょう。

浮世博史

宗教で読み解く日本史◉もくじ

【はじめに】歴史の重なりを《横から》見てみると…… 2
「宗教」という視点で日本史を眺めることの重要性／その選択はどこまで「あなたのもの」か／宗教が心を支え、歴史を動かす……ミルフィーユ状の日本文化

【1】縄文時代から古墳時代《信仰のこころが芽生えた時代》…… 19

① 「ぬいぐるみ」遊び、したことありますよね？ 20
七〇〇〇年来のアニミズム／不確かさの中で生まれた「祈り」／精神文化の〝土台〟が築かれた時期

② お祝いには「ごはん」ではなく、「おもち」をつきます 24
気候変動が農耕を促す／農業は「時間の節目」が大切／「ハレ」と「ケ」……非日常と日常の区別

③ 祭《まつ》り事《ごと》が「政《まつりごと》」に――クニの王は祭主を兼ねました 28
女王・卑弥呼《ひみこ》による政治／死者への「おそれ」から「うやまい」へ／地域色ゆたかな葬られ方

④「礼」の始まり――「よろしくお願いします」のこころ 32
「生前墓」としての古墳／「祭政一致」から「祭政分離」へ／英訳しにくい「よろしくお願いします」／神々の宿るところ／ものづくりニッポンの原点?

⑤巨大古墳にこめられた意味――お金持ちは大きな家を建てますが…… 38
豪邸にも意味がある／巨大古墳の減少が物語るもの／「シンボル」としての古墳／「家族墓」としての古墳

【2】飛鳥時代《新たな外来宗教と向き合った時代》…… 43

①日本の宗教戦争「丁未《ていび》の乱」――国論を二分した「蕃神《ばんしん》」の教え 44
仏教「伝来」と仏教「公伝」／はじめてのキラキラ体験／仏をめぐる「蘇我・物部」の対立／聖徳太子も出家はしていない／欽明・敏達・用明……崇仏と排仏のせめぎあい／大きな「お墓」から「お寺」へ／「物部＝ごりごりの排仏」ではない

②「聖徳太子」伝説の誕生――国際拠点となった大和川と斑鳩《いかるが》の里 53
曲尺《かねじゃく》を持った太子／太子はマルチリンガルの「国際政治家」だった?／太子由来の難読地名／伝説が伝説を呼ぶ／東西交流が生んだ伝説

③「亀」が背中にのせるもの――飛鳥・奈良の人たちは、亀が大好き 59
奈良時代の年号の「四分の一」／背中にモノをのせない「亀」／古代の大事件の意味

④ 応接間、居間、そして奥座敷 ——日本の「おうち」の原型が古代に 65
遷都につぐ遷都……王都漂流のわけ／神と仏の使い分け？／「奥座敷」としての伊勢神宮の誕生

⑤ 斎宮は「政教分離」の始まり？ ——五十年間の空白の謎 71
斎宮の制度はいつから始まったか／五十年の空白はなんだったか／崇敬しつつ距離をおく

【3】奈良時代《国をあげて神仏の並存が模索された時代》……77

① 仏教と国の政治 ——最初の「生類憐《あわれ》みの令」 78
大乱のあとの大寺造営／火葬のさきがけ／「善政」の一環としての〝動物愛護〟／徳川綱吉を〝弁護〟する

② 都はどのようにして選ばれたか ——奈良の都は「ちらし寿司」？ 84
和漢折衷の都／「宮」から「都」へ／再びの飛鳥、そして大津へ／漏刻は軍事目的？／みたび飛鳥へ／日本にトラはいないけど

③ 長屋王《ながやおう》は祟《たた》ったのか？ ——聖武天皇を悩ませたもの 94
ものすごい血統／スペアとなりうる存在／はたして謀反か、陰謀か／事変のあとに凶事あり／史料や記録のうえでは……

④ 大仏はだれのため？ ——聖武天皇と光明皇后が見たもの 104

聖武天皇と長屋王のスタンスのちがい／アウトローな存在を弾圧するか、活用するか／長屋王のずいぶんな描かれ方／衝撃的な出来事／大仏造営という〝壮大なチャレンジ〟

⑤ 神と仏の合体 ——起こるべくして起こった「神仏習合」 111

南都六宗と南都七大寺／「神仏習合」の素地／伝説の人、役小角《えんのおづぬ》／渡来人が多く住む先進地の出身

⑥ 天平の女帝がめざしたもの ——「道鏡《どうきょう》事件」にいたるまでの壮大な試み 118

異例好みの聖武天皇／超・支配者たる聖武天皇の言葉／鑑真の上京を催促／ちょっとした〝事件〟／最後の家族旅行／天武帝と功臣の孫を立太子／歴史上最初の廃太子／譲位、そして復活の重祚／むしろ道鏡は犠牲者？

【4】平安時代《とても平安などとはいえなかった時代》…… 131

① 「平安のスーパースター」空海《くうかい》 ——存在そのものが信仰の対象に 132

達筆は得だ／最澄と同時期に唐土へ渡る／桓武、平城、嵯峨……父子・兄弟の確執／虚実・聖俗おりまぜて膨らむ伝説／聖徳太子とも結びつく空海

② 神は実は仏だった ——地上の神は、天上の仏 143

人間ぽい神さまと菩薩さま／神仏関係の変化／現世利益実現のための思想形態

③ 怨霊《おんりょう》と魑魅《ちみ》魍魎《もうりょう》の平安京 ——妖怪は山から町に降りてくる 148

碁盤の目の町・京都／梅田は「埋め田」、桃ケ池は「股ケ池」／《あの世》と《この世》の境界／物の怪は人のしわざ
④ 二重冤罪《えんざい》の可能性大!! ——菅原道真ミステリーの舞台裏 158
復讐の事前予告をする律儀な怨霊／あとづけで祟り認定？／ビビらせ屋さんがいた？
⑤ 呪《のろ》いは「お行儀」の始まり？ ——くしゃみをするときは手を口に…… 161
平安の祈りを伝う呪詛アイテム／けっこう笑える〝験《げん》かつぎ〟的な呪い／みんな匿名希望／儀礼は礼儀

【5】鎌倉時代《現代人が最も振り返るべき時代？》

…… 167
① 源氏にあって平氏にないもの ——信仰からみる、源平の政権交代 168
「リアリスト」としての武士／「敬虔な信者」としての武士／名場面での祈り／東へ向かう八幡神信仰／平氏の場合は？／平氏の「信仰」が貴族化した／伊勢平氏の「藤原氏」化／源氏がそなえ、伊勢平氏が欠いたもの／〈脱線その一〉先祖をまねたか、北条時政／〈脱線その二〉ミツウロコの由来
② 日本の「宗教改革」の始まり ——《鎌倉文化＝武家文化》という大誤解 184
鎌倉時代の文化——その四つの特色／㈠ 文化の庶民への広がり／㈡ 貴族の保守化と貴族文化の変質／㈢ 武士の文化／㈣ 宋・元の大陸文化の影響／

「鎌倉仏教」の特徴／「自力」と「他力」／キリスト教の思想に似ている「悪人正機説」／「信じていなくても救われる」／他宗派への影響

③《奈良》対《鎌倉》――日本史における宗教〝冷戦〟 197
新時代の刺激／「そもそも論」で対抗した高弁

④蒙古襲来を撃退した神々――鎌倉「新」仏教を相対化する 202
戦前教育の裏返し、「朝廷《無能》・武士《有能》論」／現代人も祈るのだから、昔の人はもっと……／当初、鎌倉武士はドライだった／神仏も動員された蒙古襲来

⑤そして仏は実は神だった?!――蒙古襲来が「神の国」を再起動させた 208
外圧によって目が覚める／朝廷は毅然とした態度をとっていた／主従が逆転

【6】室町時代《信仰が生活と一体になっていた時代》…… 213

①倒幕から建武の新政へ――宗教ネットワークの勝利 214
寺社がつなぐ人脈／御家人の没落と新興勢力／「悪党」と呼ばれた人々／護良《もりよし》親王の薙刀《なぎなた》／「糾合」を象徴する絵／「雛鶴姫《ひなつるひめ》」伝説／なぜ親王は謀殺されたか／異形の肖像画を解読する

②縁日と定期市――宗教が日本の経済を支えた！ 231
エンニチとはなんぞや／害獣から大出世したねずみ／余剰と落差が「通商」を生む／

どこで売るか、いつ売るか

③「一揆」をめぐる誤解をとく――宗教が生んだ？　日本の「民主」主義　238
あえて「公私」混同？／一揆は「結ぶ」もの／神のもとの連帯と平等

④「一向一揆」をめぐる誤解をとく――一向一揆は日本の十字軍？　244
「いっしょにされたくない」／似て非なる十字軍と一向一揆

⑤ザビエルを悩ませたもの――日本での布教に手応えはあったのか　250
教科書が肖像画つきで紹介／比喩的に「神」を説明／日本人からの質問攻め／蛇足の後日譚

【7】安土・桃山時代《日本の文化が神仏から解き放たれた時代》……257

①日本のルネサンス――「神々と仏」から「人間」中心へ　258
画期としての桃山文化／宗教性から芸術の精神性へ

②キリスト教が伝わらなかったら、「茶道」は生まれなかった？　263
天井からポン酢まで／聖杯回し飲みの儀式がヒント？

③信長はけっこう宗教が好きだった――しかもライバルは本願寺顕如　268
信長のほんとうのライバル／神仏をもおそれぬ所業の数々／おれの舌が決める／
「等身大の信長」像／「楽市楽座」の実相／「規制緩和」というより、新しい「統制」の導入／

アメとムチの徹底した使い分け／伝統破壊者というのは言いすぎ？／「安土宗論」の真相／宗教の聖なる部分には興味津々

④キリシタン大名が信じたもの――高山右近の鮮やかな生きざま　280
ちゃっかりタイプと根っからタイプ／ヘラクレスの選択／信仰をとるか、地位をとるか／新天地で天に召される

【8】江戸時代《宗教が権力に干渉された時代》

…… 287

①家康がおそれたもの――「サン＝フェリペ号事件」と禁教令　288
奴隷貿易を看過できなかった秀吉／政権中枢にいた家康は当然わかっていた／家康のトラウマ

②隠れていなかった隠れキリシタン――閉ざされた世界でのキリスト教信仰　294
まぎらわしい「隠れ」と「潜伏」／役人と村人たちの「呼吸」が合っていた／「踏絵」と「絵踏」

③一家に一台、仏壇の時代――幕府の巧みな民衆統制政策　300
仏壇の起源／体制に組み込まれる寺社／「葬式仏教」が確立／回忌法要も定着

④綱吉《つなよし》がつくった「現代日本」――「暗愚」「悪政」は後世の言いがかり？　306
「なるべくしてなった将軍」にはあらず／そこまでの悪政か／武断から文治の世へ／日本的ソンタク＆シンシャク社会／失政イメージの出どころ／治政者に共通する心情

⑤参詣「名所」だらけの国 ——世界最初のツアー会社は日本にあった？ 317
エド・ツーリズム……江戸時代からすでに日本は観光大国／「名所」見物を名目に／江戸時代のツアコン

⑥寺院と神社がスポンサー ——商売上手な娯楽の殿堂 323
ダミ声なれど名調子／エンターテインメントの場としての寺社／集金システムとしての勧進興行

⑦幕末日本の新興宗教 ——「転換期」に人々が求めたもの 327
「逆説」の思想史——江戸の経世家たちの警告／澎湃《ほうはい》と拡大する教育熱／祈りは世につれ、世は祈りにつれ／黒住教について／天理教について／金光教について／熱狂と混沌と

【9】明治・大正・昭和時代《宗教と権力の関係が大きく揺らいだ時代》……341

①神々の逆襲 ——廃仏毀釈《はいぶつきしゃく》のあらし 342
水戸藩による「寺院整理」／「廃仏毀釈」のパイロット版？／明治新政府の「神仏分離令」／純化＝排他化＝過激化／「開放的な《オープンスペース》」奈良・興福寺の秘密

②復古と革新の迷走 ——ウチとソトを使い分けた新政府 349
初期の明治政府は「藩閥」ではなかった／「廃藩置県」はクーデター／明治政府の「二面性」／キリスト教解禁はいつ？

③ 宗教と戦争――日本人として避けて通れない問い 354
社会の閉塞感と「新宗教」の登場／「個人」から「社会」全体の救済へ／キリスト教の体制内化／仏教の戦争協力や体制内化／「東伝」で完成した仏教を「西伝」させる／「日蓮主義」という思想／アジアから理解されなかった「王道」／政治的単位と民族的単位の「接着剤」／「宗教」というよりも「教団」組織の問題

【終章】そして「なんでもあり」へ――寛容と受容の日本文化 367
最後に、日本的「重層文化」のおさらいを……／おさらいの途中ですが……立ち止まります／日本的な「第三の仏教」のあり方／ここから再び、おさらい開始／自分の正直な基準を世界にも／「異文化習合」という大団円

【1】縄文時代から古墳時代

《信仰のこころが芽生えた時代》

いろんなモノゴトが重なりあいながら成り立っている日本文化の最も古い層にあたる
先史時代において、「死」は今と同様か、それ以上におそろしいものだったはずです。
少し前まで生きていたのにまったく動かなくなった仲間のなきがらをどのように扱うか……
これは人間を人間たらしめる文化や思想の根幹にかかわる問題といえます。
抗《あらが》うことのできない自然の摂理、それに対する畏怖と受容と覚悟から《信仰のこころ》が芽生え、
そこからゆっくりと宗教と呼ぶべきものが立ち上がっていきます……

【1】縄文時代から古墳時代①

「ぬいぐるみ」遊び、したことありますよね？

七〇〇〇年来のアニミズム

みなさんは、子どものころ、ぬいぐるみやお人形に「名前」をつけて遊んだことがありますか？　長く使って愛着があるモノ……捨てるときに、ちょっぴり名残《なご》りを惜しんだり、捨てられなかったり……

モノにもついつい、「俺の相棒」みたいに、まるで「友人」のような感情をいだく場合もあります。

《ぬいぐるみや人形に名前をつける……》

心理学的には、これを**アニミズム**といいます。縄文時代の人々は《自然現象や自然物に霊威《れいい》が宿る》と考えていた……これも、歴史ではアニミズムと呼んでいます。
縄文時代は今から七〇〇〇年くらい前の話。
《ぬいぐるみや人形に名前をつけて可愛《かわい》がる……》
なんと七〇〇〇年も前から、このような気持ちを、わたしたちは持ち続けていることになります。

不確かさの中で生まれた「祈り」

縄文時代、人々は狩りや漁をして暮らしていました。縄文時代の終わりくらいからは、クリの林を管理したり、ヤマイモを育てたり、マメ、ゴマ、ヒョウタンなどの**栽培**を開始していました。

そもそも、《狩猟・漁・採集》を中心とする時代は「不確実性の時代」です。雨が降らなければ作物は育たず、洪水になれば住居も流されてしまう……狩りに出かけても獲物は見つからないかもしれないし、漁に出ても不漁かもしれない。経験値による収穫率の向上にも限界があります。

「雨が降ってほしい」「洪水にはならないでほしい」「たくさん獲物がいてほしい」

このような「祈る気持ち」が生まれていくことになります。

呪術によって、災いを避ける、収穫を祈る……

子どもがたくさん産まれることをのぞむ……

女性をかたどった**土偶**《どぐう》、男性生殖器を表現したと考えられる**石棒**《せきぼう》などもつくられるようになりました。

精神文化の〝土台〟が築かれた時期

生活とともに、「占い」や「まじない」が密接につながっています。

現在でも、日本人は「占い」や「まじない」が大好きですが、身近な出来事から、なにかを感じ取り、「察していく」という精神文化の土台が、縄文時代に生まれたのかもしれません。

埋葬の方法も、当時の人々の精神生活を知る大きな手がかりとなります。

「**屈葬**《くっそう》」は、膝や腰など四肢を折り曲げて腕を前に合わせるようにして葬《ほうむ》るものです。死者の霊魂が生きている者に災いをなす、それをくい止めようとしているのではないか、または、死者が異形《いぎょう》のものになりはてて復活することをおそれたのではないか、と考えられています。

「**抱き石**《だいし》」といって、遺体の上に石をのせて霊魂を鎮《しず》める、おさえる、異形のものになりはてて復活するようなことがないようにする、というものも、みられるようになりました。

この考え方の延長線上に、

「墓石」

という精神文化があるのかもしれません。

「**抜歯**《ばっし》」という風習も、縄文時代中期からみられるようになります。特定の歯を「抜く」というか「欠けさせる」というか、どうも成人の儀式か、なにかしらの「通過儀礼」ではないかと考えられています。

人生という時間軸の中に「節目」を設《もう》けるという意識も生まれ始めました。

【1】縄文時代から古墳時代②

お祝いには「ごはん」ではなく、「おもち」をつきます

気候変動が農耕を促す

一万年も続いた縄文時代の終わりごろ、土地を耕す、そして、そこに水を注いでイネを育てる**水稲耕作**が始まりました。

気候が変化すると、植物の種類が変わります。東と西で森林の様子が変わりました。縄文時代に日本をおおっていたブナ林（ブナは代表的な落葉広葉樹で、葉とともに実も多く落とす）はしだいに東の世界にうつり、かわって西の世界では**照葉樹林**が増えていきます。《豊かな森》から《食料を供給しにくい森》へと変わっていきました。

狩猟、採集だけではまかなえなくなった食料を稲作によって補い、やがて稲作が食料供給の中心へとうつっていきます。

この時代、縄文時代の土器とはちがう土器が製作されました。縄文土器は、煮炊《にた》き用のものが多かったのですが、稲作が広がると、貯蔵用の壺《つぼ》、煮沸《しゃふつ》用の甕《かめ》、盛りつけ用の高坏《たかつき》など《用途別の土器》が増えていきます。

大陸から甑《こしき》も伝わりました。これは「蒸す」ためのもので、米を蒸して食することも始まったようです。これがのちに、「おもち」になるのですが、それはのちほど……

農業は「時間の節目」が大切

狩猟・採集に比べて、農耕が進むと「時間の節目」がはっきりします。

種をまくときは、村をあげて、いっせいに始めます。

春、夏、秋、冬……それぞれきまった時期にきまった作業が進められるのが農業です。

《みんなで始めて、みんなで終わる……》

集団作業を進めていくなかで、集団の統率者が生まれていきました。

《春は豊作を祈り、秋は収穫を感謝する……》

人々の統率者が代表して儀式をとりおこなうようになります。

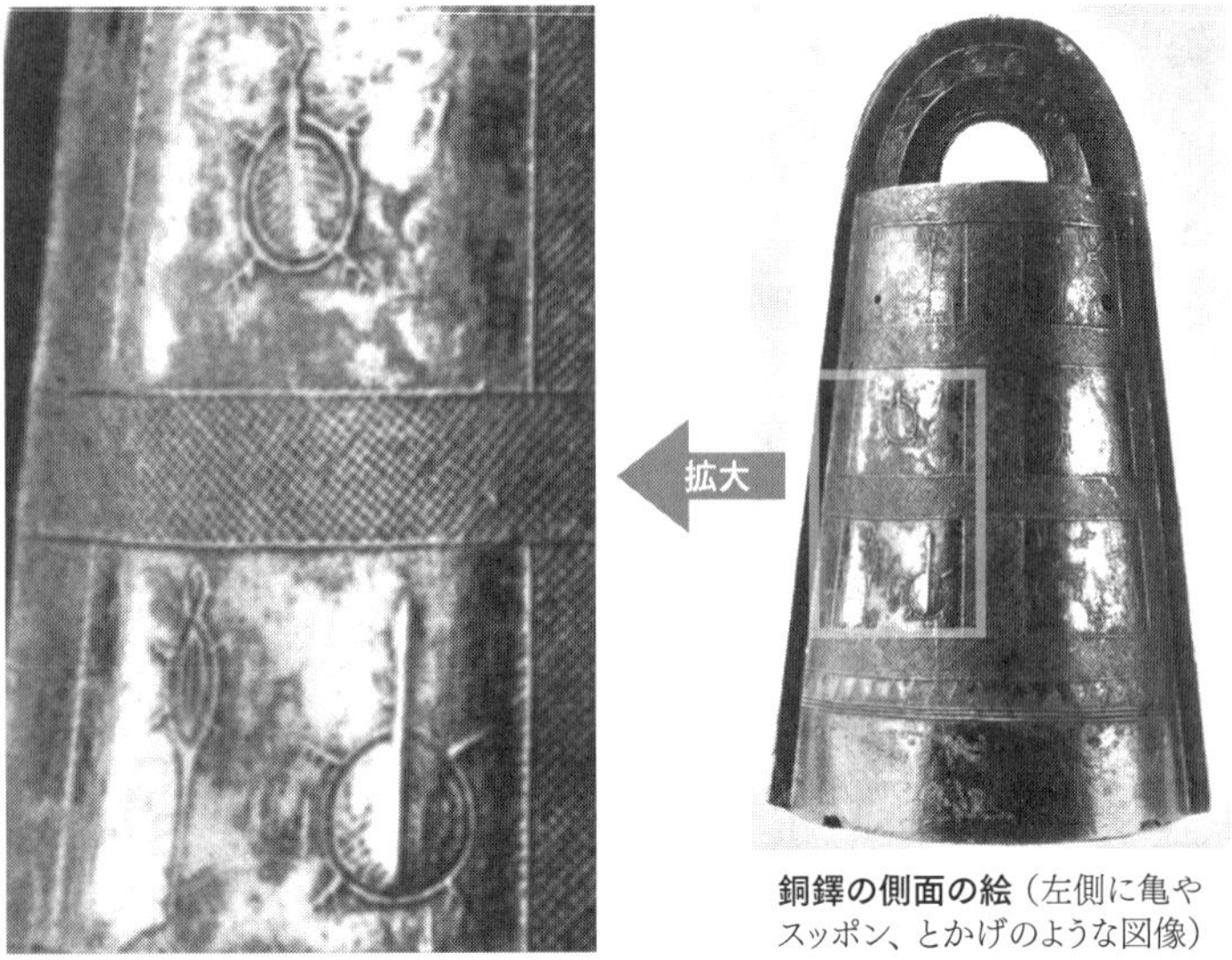

銅鐸の側面の絵（左側に亀やスッポン、とかげのような図像）

近畿地方を中心にさかんに製作された青銅器である「**銅鐸**《どうたく》」は、こういう農耕の祭りに使用されたものと考えられています。

銅鐸には「絵」が描かれていて、水田の鳥の絵や、臼《うす》を用いて杵《きね》つきをしている絵などもあります。

弥生時代の遺跡からは、「鳥」をかたどった木製品、鳥に扮《ふん》した人たちが描かれた土器なども見つかっています。

銅鐸に描かれた動物では、ツル・サギ・スッポン・カエルなど、水田に生息している動物のほか、シカの絵などが見つかっています。シカや鳥が《神の使い》あるいは《信仰の対象》となっていたのではないか、とも考えられています。

中国から伝えられた占いなども広がるようになり、シカの肩甲骨《けんこうこつ》を火であぶって、そのヒビ割れで占いをおこなっていたこともわかっています。

「ハレ」と「ケ」……非日常と日常の区別

農耕儀礼が進む中で、神さまに「お供《そな》え」するものが出てきます。

神さまの食べるものだから、**ふだんと同じもの**（これを「ケ」といい、「褻」という難しい字を書きます）は捧《ささ》げられない。よって、**特別なもの**（これを「ハレ」といい、「晴れ」あるいは「霽れ」と書きます）が必要で、同じ米でも「ひと手間」かけたものがハレの日の捧げ物になります。これらが確立されるのは、のちのこと、古墳時代以降と考えられているのですが、米からつくられる「酒」や、米を加工した「もち」が特別なものになりました。

《お正月に、おもちを食べる》

《神さまには御神酒《おみき》を捧げる》

という習慣の源流は、この時代にさかのぼれそうです。

【1】縄文時代から古墳時代③

祭《まつ》り事《ごと》が「政《まつりごと》」に
――クニの王は祭主を兼ねました

女王・卑弥呼《ひみこ》による政治

ムラが集まり、やがて**クニ**が生まれるようになりました。集落の長たちが集まり、さらにクニの「王」を選ぶようになります。話し合いの場合もありましたが、戦いの場合もあり、中国の歴史書『**後漢書**《ごかんじょ》』**東夷伝**《とういでん》などにも「**倭国の争乱**《わこく》」の記事がみられます。

ただ、クニの王は、力だけでは支配はできません。いろんな集落の利害関係を調節・調整するためには、人々を説得する必要があります。

そこで「**占い**《うらな》」が利用されました。それぞれ利害が異なる人々も、それが「神意」であるならば納得できます。

このようにして「祭事《さいじ》」が、すなわち「政《まつりごと》」となりました。王は、占いや、まじな

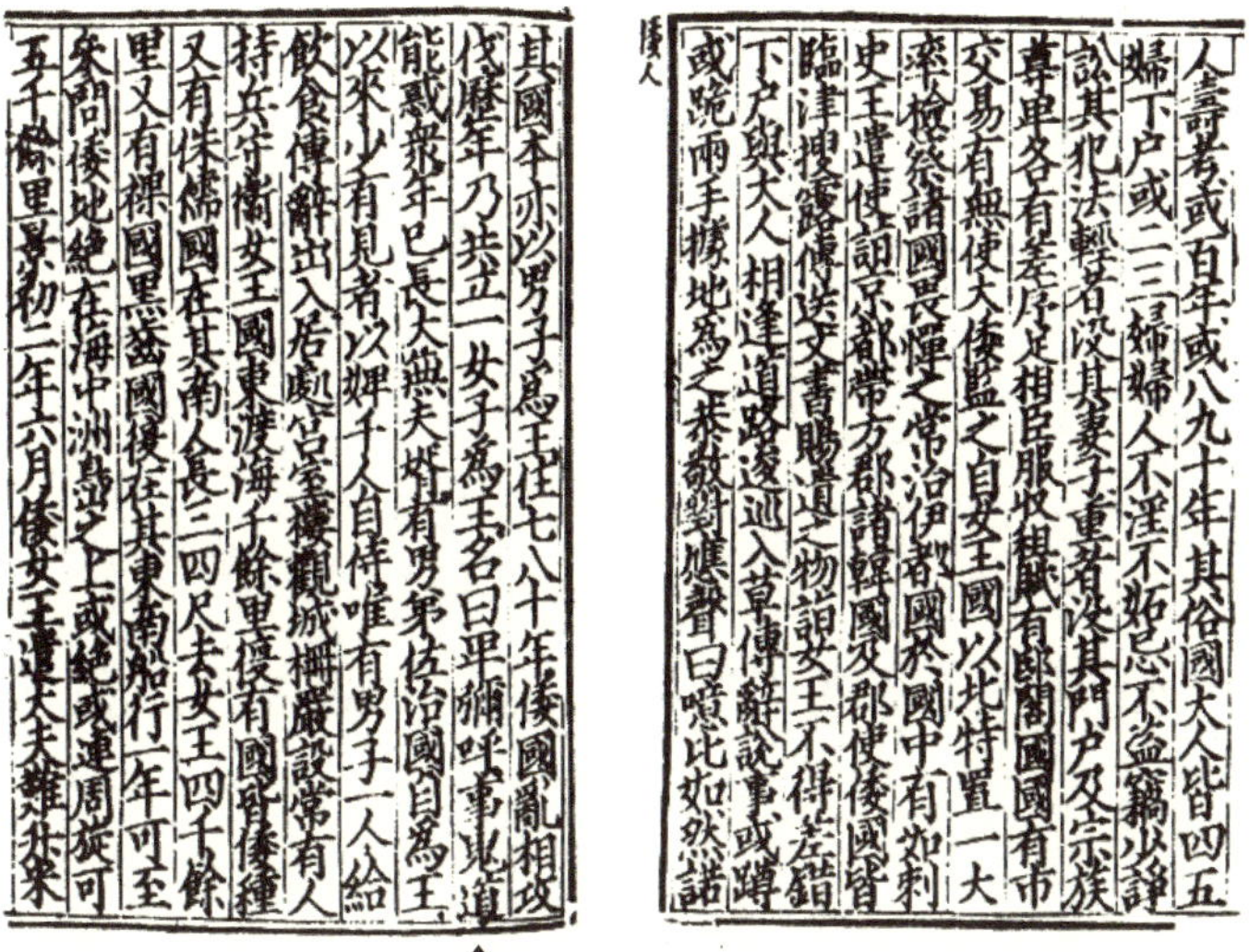
人壽考或百年或八九十年其俗國大人皆四五婦下戶或二三婦婦人不淫不妬忌不盜竊少諍訟其犯法輕者沒其妻子重者沒其門戶及宗族尊卑各有差序足相臣服收租賦有邸閣國國有市交易有無使大倭監之自女王國以北特置一大率檢察諸國畏憚之常治伊都國於國中有如刺史王遣使詣京都帶方郡諸韓國及郡使倭國皆臨津搜露傳送文書賜遺之物詣女王不得差錯下戶與大人相逢道路逡巡入草傳辭說事或蹲或跪兩手據地為之恭敬對應聲曰噫比如然諾

倭人

其國本亦以男子為王住七八十年倭國亂相攻伐歷年乃共立一女子為王名曰卑彌呼事鬼道能惑衆年已長大無夫婿有男弟佐治國自為王以來少有見者以婢千人自侍唯有男子一人給飲食傳辭出入居處宮室樓觀城柵嚴設常有人持兵守衛女王國東渡海千餘里復有國皆倭種又有侏儒國在其南人長三四尺去女王國四千餘里又有裸國黑齒國復在其東南船行一年可至參問倭地絕在海中洲島之上或絕或連周旋可五千餘里景初二年六月倭女王遣大夫難升米

『魏志』倭人伝の一部（左側の2行目、矢印の箇所に卑弥呼の言及が見える）

いによって政治をする**祭主**《さいしゅ》を兼ねることになります。こういう政治形態を「**神権**《しんけん》**政治**」といいます。この代表的な例が「邪馬台国《やまたいこく》」の**卑弥呼**《ひみこ》による政治でした。

倭国乱《みだ》れ、相攻伐《あいこうばつ》して年を歴《へ》たり。
乃《すなわ》ち共《とも》に一女子を立てて王と為《な》す。
名を卑弥呼と曰《い》ふ。
鬼道《きどう》を事《こと》とし、能《よ》く衆を惑《まど》はす。

という『**魏志**《ぎし》』**倭人伝**の記述にある、

「鬼道」

というのが「占い」のことで、女王・卑弥呼は、巫女《みこ》として人々に神意を聞き伝えることが巧《たく》みであったことがわかります。ちなみに『魏志《ぎし》』倭人伝は正しくは『三国志』の一書である「魏書《ぎしょ》」の第三十巻「烏丸鮮卑《うがんせんぴ》東夷伝」（烏丸も鮮卑も当時の北東アジアの遊牧民です）、その中の「倭人の条」をいいます。

死者への「おそれ」から「うやまい」へ

《クニ――ムラ――一族――家族》

という社会の単位が整い、

《王――ムラ長《おさ》――一族の長――家の長》

という社会の秩序・身分が構成されていく中で、人の死も儀式となり、埋葬の方法も変わっていくようになります。

死体を《おそれる》考え方が消え、

死者を《うやまう》発想が生まれて、

「屈葬」から四肢を伸ばして埋葬する現在の「**伸展葬**《しんてんそう》」が生まれました。

葬る場所にも変化があらわれます。

縄文時代の人々は**住居のそば**に墓地をつくりましたが、弥生時代の人々は**集落の近くの**

共同墓地に遺体を埋葬しています。**集落の構成員の死**という考え方が生まれていたことが推測できます。

地域色ゆたかな葬られ方

埋葬は、地域の習慣や文化が反映されるため、地方でそれぞれ特色がみられました。

北九州では「**甕棺**《かめかん》」と呼ばれる大型の埋葬専用の土器（大きな甕）に遺体を入れて葬るもの（甕棺墓《ぼ》）がみられました。中国地方では、石の板を長方形に組み合わせた「**箱式石**《はこしきせき》**棺**《かん》」に遺体を葬るものが多くみられます。木棺を埋納し、その周囲に溝《みぞ》をめぐらせ塚《つか》を築いた「**方形周溝墓**《ほうけいしゅうこうぼ》」が近畿地方などにあらわれます。

東日本では、さらに独特な埋葬がみられ、いったん遺体を埋めたあと、骨にしてから取り出し、あらためて壺《つぼ》に納めて葬る、という「**再葬**《さいそう》」がみられました。これなどは、のちの仏教の火葬《かそう》の習慣と融合し、現代の埋葬につながるものかもしれません。

まだ、単一の宗教が広く日本には伝わっておらず、地方や集落ごとの文化が埋葬に反映されていて、地方ごとに特色ある信仰があったことがわかります。

【1】縄文時代から古墳時代④

「礼」の始まり

――「よろしくお願いします」のこころ

「生前墓」としての古墳

さて、三世紀になると、**古墳**がつくられるようになりました。大王や豪族の墓です。

建造物によって、自らの力を誇示する、というのは洋の東西にかかわらず、よくみられることだと思います。中国の皇帝の陵墓は、棺の上に構造物をつくっていく形式ですから、皇帝の**死後に造営されたこと**が推測できますが、日本の古墳のうち、前期・中期のものは、古墳が完成してから棺を埋納しているので、埋葬者が**生前から造営していたこと**が推測されます。

この時代は、支配者と被支配者が大きく「分化」していた時代ともいえます。弥生時代は、一族の長は集落の中で生活をしていましたが、古墳時代になると、豪族たちと民衆たちの生活スペースは分けられ、豪族たちの生活する場には濠《ほり》がめぐらされ、柵《さく》などで囲まれていたことがわかります。

いっぽう、民衆の集落には環濠《かんごう》も柵もなく、平屋《ひらや》の住居や高床《たかゆか》倉庫などがつくられていた集落が、豪族の居住地域の周辺にみられました。豪族たちの居住区画は、首長が「祭事」＝「政」をおこなうスペースで、おそらく税などで集められた余剰生産物をおさめたであろう高床倉庫群が遺跡の発掘調査で明らかになっています。

古墳時代の前期（三世紀ごろ）では、邪馬台国の時代と同様、**「祭政一致」**の時代でした。前期古墳の副葬品には、「鏡」「勾玉《まがたま》」など、呪術的《じゅじゅつ》要素の強いものがみられることから、そのことが裏付けられます。

「埋葬者＝首長＝祭主＝執政者」という「祭政一致」の時代だったことがわかります。

「祭政一致」から「祭政分離」へ

四世紀になると、おもしろいことがわかります。奈良県にある島《しま》の山《やま》古墳を例にとって説明いたしますと……

「前方後円墳」は、文字どおり、前が四角（方形）で、後ろが円の古墳です。後円部には竪穴式石室《たてあなしきせきしつ》があって当時の首長が埋葬されているのがわかったのですが、前方部にも粘土《ねんど》槨《かく》（棺を粘土で覆《おお》って埋納したもの）が見つかり、そこに呪術的な装身具が副葬されていることから（女性の使用していた装身具も見つかっている）、司祭者も古墳に埋葬されていたことがわかっています。つまり、

「男性の首長」「女性の司祭者」がいた

ことがわかりました。

卑弥呼のような《「**首長**」＝「**祭主**」》の「**祭政一致**」から、

《「**首長**」≠「**祭主**」》の「**祭政分離**」

の時代に移行するようになったのです。

卑弥呼の時代では、『魏志』倭人伝の記述にみられるように、卑弥呼を男弟が助ける形でしたが、四世紀以降、

《男性首長・女性司祭》

という政治の形式に移行していきました。のちの「斎宮《さいぐう》」を思わせる形です（斎宮につ

いては71ページ以降参照)。

英訳しにくい「よろしくお願いします」

一般の人々にとっては、その生活は弥生時代とさほどかわらず、農耕祭祀が重要な生活のサイクルの中に組み込まれていました。豊作を祈る「**祈年《としごい》の祭り**」、収穫を感謝する「**新嘗《にいなめ》の祭り**」はとくに大切なものでした。

こうした行事や、さまざまな物事の始まりには「よろしくお願いします」という挨拶《あいさつ》が、終わりには「ありがとうございます(ございました)」の挨拶があります。

以前、英語の先生と話したことがあるのですが、

「《ありがとうございます》は挨拶の言葉として英語に訳しやすいけれども、授業の初めの挨拶《よろしくお願いします》はなかなか英語に訳しにくい」

という話を聴きました。

農耕民族特有の農耕儀礼からこれが生まれた、とはいいませんが、「よろしくおねがいします」「ありがとうございました」の、いわば日本的な「礼」の誕生は、《神への収穫に対する「願い」》《神への「感謝」》から転じた部分もあったと思います。

三輪山と大神神社の鳥居（著者撮影）

「祈年の祭り」「新嘗の祭り」は、途中の中断もありましたが、「新嘗祭」は江戸時代に、「祈年祭」は明治時代に復活して現在に続く宮中行事となりました。

神々の宿るところ

日本は四季に富み、その豊かな自然は、その数だけ人々に恵みをもたらし、それは感謝となって、神さまを生み出していきました。

奈良県に**三輪山**《みわ》というところがあります。円錐《えんすい》形の、形の整った山です。こういう山は《神の宿るところ》（「神奈備《かむなび》」といいます）と考えられて、信仰の対象となりました。

山だけではありません。高くそびえる樹木（巨樹）、巨大な岩（巨岩）や独特な形の岩（奇岩）、俗世と隔《へだ》たった孤島、湖沼の淵《ふち》……なども祭祀《さいし》の場となっています。奈良県の**大神神社**《おおみわ》は三輪山そのものをご神体としていますし、**宗像大社**《むなかた》の沖津宮は、玄界灘《げんかいなだ》の孤島・沖ノ島にあり、島全体が神域です。

ものづくりニッポンの原点？

弥生時代の祭器は、銅鐸などの青銅器でしたが、古墳時代になると鏡・勾玉などのほか、鉄製武器、農工具がそれらに変わりました。農工具は、鉄で木を削る道具です。一見、実用的なものと感じますが、木を削って道具を創《つく》り出すもの、として当時の人々には、ある意味「魔法の杖《つえ》」のようなものだったかもしれません。《モノを創り出す道具》というものは、古代の人々にとっては神聖なものでした。職人たちが道具を大切にする、という「職人気質《かたぎ》」に、こういう昔の人々の気持ちが伝わっているのかもしれません。

このほか、精神文化も弥生時代の延長の部分もありますが、穢《けが》れをはらう「**禊**《みそぎ》」、災いからのがれる「**祓**《はらえ》」などもみられるようになりました。このような呪術的慣習は、のちにまとめられた『古事記』の神話の中にも反映されています。また、鹿の骨を焼いて占う「**太占**《ふとまに》」や、熱湯に手を入れて真偽を判定する「**盟神探湯**《くかたち》」（「くがたち」とも）も『日本書紀』などから読み取れます。

【1】縄文時代から古墳時代⑤

巨大古墳にこめられた意味

――お金持ちは大きな家を建てますが……

豪邸にも意味がある

お金持ちになると、家を大きく建てたくなる……

もう三十年以上も前になります。某会社の社長さんとお話をすることがあったのですが、家を大きく建てるのは**それなりに意味がある**そうです。

「だって、社長の家がみすぼらしいものなら、『あの会社、大丈夫か?』と思われてしまうでしょ?」

と、おっしゃっていました。なるほど……と思ったことがあります。かつては銀行も、まるで宮殿のように立派に建てられていましたが、小さくてオンボロな感じだったら、「あれれ、この銀行、おカネ預けても大丈夫かな?」と不安になってしまいます。

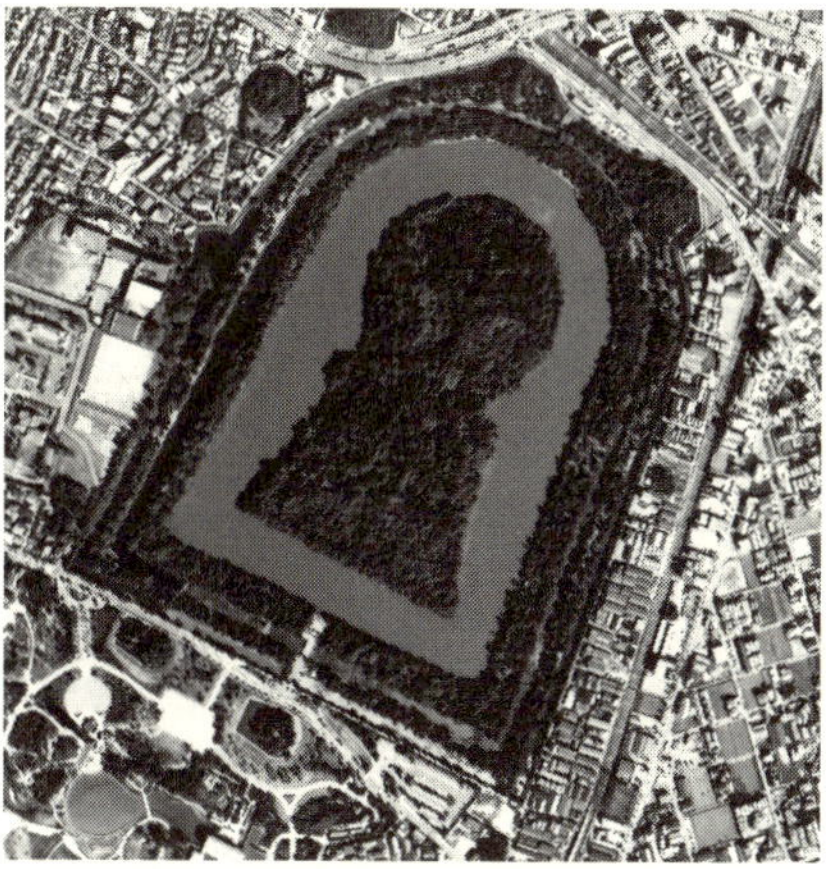

上＝奈良県桜井市の**箸墓《はしはか》古墳**、左＝大阪府堺市の**大山古墳**（ともに国土交通省「国土画像情報」）

為政者は、権力の強さ、自身の勢力の大きさを、なにか建造物で示す……

これは洋の東西を問わずにみられる傾向かもしれません。

巨大古墳の減少が物語るもの

五世紀の古墳はたいへん大きなもので、大王の権威の大きさを示すものだと説明されます。

最大のものは、かつて「仁徳天皇陵《にんとくてんのうりょう》」と呼ばれていた（最近は「仁徳天皇陵古墳」とも）、大阪府堺市の**大山《だいせん》古墳**（「大仙」とも書きます）です。

巨大な前方後円墳は、群馬県の「上毛野《かみつけの》」、京都府北部の「丹後《たんご》」、岡山県の「吉備《きび》」、宮崎県の「日向《ひゅうが》」などにもみられます。

ところが、しだいに地方に大きな古墳がみられなくなっていきます。各地の有力な豪族と大王が連合していた政権から、しだいに大王を中心に、地方の豪族たちが中央に従属している政権になっていったことがわかります。

ヤマト政権は、大王を中心に「**氏**《うじ》」と呼ばれる豪族たちが、それぞれ役割を分担していた政権です。この役割が、大王から与えられた臣《おみ》・連《むらじ》などの「**姓**《かばね》」と呼ばれるものです。「氏」たちは自分の領地を持ち、「氏」の長は、「**氏上**《うじのかみ》」としてそこにいる人々を支配し、めんどうをみていました。それぞれ一族の祖先や神さまを祭り、もとを同じくする広い血縁集団という感じでした。

その神さまが「**氏神さま**《うじがみ》」の由来です。

地域の神さま（祖先）を中心にまとまる……

現在でも地域の神社を中心に、特定の地域の人々（氏子《うじこ》）が祭礼をとりしきる、という伝統がありますが、もう千五百年以上も前から続く習慣といえるかもしれません。

「シンボル」としての古墳

六世紀に入ると、小型の古墳が大量につくられるようになります。そして、それらをつくるようになった人々が、なんと、それまで大きなお墓をつくることなどしていなかった

《農民たち》です。農民といっても、たくさんの土地を持つ《有力農民たち》です。

農業の生産力が高まる中で、新しく台頭してきた農民たちが現れるようになりました。「おれたちも古墳をつくる身分になったぞ！」と思って古墳をつくるようになったのかもしれませんし、ヤマト政権が彼らの力をみとめて「政治に参加させる証《あかし》」として古墳づくりをゆるしたのかもしれません。「古墳」をつくることがステータスを示すこと、自分の

古墳の大きさランキング

堺市ホームページより。数字は墳丘の全長(約m)　※は世界文化遺産 構成資産

古墳名（所在地）	全長(約m)
①仁徳天皇陵古墳※（大山古墳／大阪府堺市堺区）	486
②応神天皇陵古墳※（誉田御廟山古墳／大阪府羽曳野市）	425
③履中天皇陵古墳※（石津ヶ丘古墳／大阪府堺市西区）	365
④造山古墳（岡山県岡山市）	350
⑤河内大塚山古墳（大阪府羽曳野市および松原市）	335
⑥五条野丸山古墳（奈良県橿原市）	310
⑦ニサンザイ古墳※（大阪府堺市北区）	300以上
⑧渋谷向山古墳（景行陵／奈良県天理市）	300
⑨仲姫命陵古墳※（仲津山古墳／大阪府藤井寺市）	290
⑩作山古墳（岡山県総社市）	286
⑪箸墓古墳（奈良県桜井市）	280
⑫五社神古墳（神功陵／奈良県奈良市）	275
⑬ウワナベ古墳（奈良県奈良市）	255
⑭市庭古墳（平城陵／奈良県奈良市）	250
⑭メスリ山古墳（奈良県桜井市）	250

地位が高まったことを示すものだったようです。

「家族墓」としての古墳

古墳の形式も、しだいに変わるようになりました。それまでは竪穴式石室だったのに、横穴式のものになります。これは通路の奥に棺を置くスペースが造られているものです。「**追葬**《ついそう》」といって、死んだ家族をあとから同じ古墳に葬っていくというもので、「一つの古墳に**一人の埋葬者**」という原則から、「一つの古墳に**家族を埋葬する**」というものに変わりました。

現在でも、一つのお墓に「○○家先祖代々之《の》墓」と記されているものがみられますが、そういう風習は六世紀にはみられるようになっていたわけです。そして「副葬品」には、埋葬者が日常で使っていたようなものが増えていきます。

現在でも、亡くなった人の棺の中に、その人が日常で使っていたものなどを副葬品として入れますが、現在に通じる「家族の埋葬」の源流がこのころにみられるのです。

【2】飛鳥時代

《新たな外来宗教と向き合った時代》

それぞれの教えの差異などがもとで紛争や対立の原因にもなる「宗教」。現代のわれわれにも
その解釈や説明、取り扱いが困難なのに……いわんや古代人《いにしえびと》においてをや……
飛ぶ鳥のアスカに王宮がおかれた飛鳥時代に、まさに文化的な大転機となった「仏教」伝来。
この日本文化史の大事件に、当時の人々はどのように向き合ったのか。
この章では、そもそも仏教が日本に伝わったのはいつかについて、
教科書はどのように説明しているか、というところから、ひもといていきます。

【2】飛鳥時代①

日本の宗教戦争「丁未《ていび》の乱」

——国論を二分した「蕃神《ばんしん》」の教え

仏教「伝来」と仏教「公伝」

「仏教」の伝来《でんらい》は六世紀でした。二説あり、一つは、『日本書紀』に記されている、

《「壬申《じんしん》説」の**五五二年**》

という説。後述する六七二年の「壬申《じんしん》の乱」から、遡《さかのぼ》ること一二〇年前の「壬申」です。

もう一つは、『元興寺縁起《がんごうじえんぎ》』や『上宮聖徳法王帝説《じょうぐうしょうとくほうおうていせつ》』にみられる、

《「戊午《ぼご》説」の**五三八年**》

です。ただし、これらはともに「仏教の**伝来**」というよりも、朝鮮半島の百済《くだら》から仏像

が贈られたとされる年で、正確には「仏教公伝《こうでん》」の年です。民間レベルでは、渡来人を通じて仏教は（それ以前から）日本に伝えられていた、と考えるのが自然です。

はじめてのキラキラ体験

『日本書紀』には以下のような話が記されています。

欽明天皇《きんめいてんのう》のもとに、百済の聖明王《せいめいおう》から仏像や仏具が贈られました。欽明天皇は、当時の最新技術でつくられた仏像に魅了されたようで、

仏の相貌《かお》、瑞厳《きらきら》し。

と表現され、「こんなの今まで見たことない！」とおっしゃっています。

日本の神々は自然神ですから、このような偶像の、金銅製で黄金色に輝く美しい神の姿の出現は、天皇のみならず、おそらく朝廷の貴族たちに衝撃を与えたことでしょう。

ところで、この「相貌瑞厳」のくだり、ふつうに音《おん》で読めば「ソウボウ、ズイゲン」ですが、それをあえて「きらきら」という読みをあてています。

これ、おそらく後世の人のシワザでしょうが、この「キラキラ」という表現も、意外と歴史の古い言葉なのかもしれません。

仏をめぐる「蘇我・物部」の対立

大臣《おおおみ》の**蘇我稲目**《そがのいなめ》は仏教の受け入れに賛成です。もともと渡来人との交流が深く、仏教受容にともなう、すぐれた文化・技術の流入を欲していた稲目は、

「世界の中で仏教を受け入れていない国はございません。ぜひ受け入れましょう」

と天皇に進言します。これに対して、大連《おおむらじ》の**物部尾輿**《もののべのおこし》は、

「わが国にはもともと神々がおられます。外国の神（蕃神《ばんしん》＝からかみ＝後述）をまつるのはいかがなものでしょうか。神々の怒りをかうことになりかねません」

と否定的な発言をしています。ただ、天皇ご自身はどうも仏像および、それにともなうさまざまな文物を取り入れることには肯定的だったようで、

「それならば、稲目にこの仏像をわたすので、拝んでみよ」

とおっしゃられています。いわゆる、蘇我稲目と物部尾輿による**《崇仏《すうぶつ》・排仏《はいぶつ》》論争**と呼ばれるものです。最近の教科書などではすっかり取り上げられなくなり、現在三十歳以

上の方しか習った記憶がないかもしれません。

聖徳太子も出家はしていない

ところで、日本の最初の出家者たちが女性であった、ということが注目されます。物部尾輿が仏を「蕃神《からかみ》」つまり外国の神と表現しているように、仏教が伝来した当時は日本の神々に対して「異国の神」という認識であったのではないでしょうか。出家者が女性であったというのも、日本では祭祀をおこなうのが、

《女性＝巫女《みこ》》

であったことと関係があるのではないか、という指摘をする研究者もおられます。この最初の出家者が、**司馬達等《しばたつと》**（「しばのたちと」「しめたちと」などとも読む）の娘だった、といわれています。百済の聖明王から仏像が伝えられる以前（五二二年）に大和国の坂田原に堂を建てて仏像を礼拝していた、とされています。

その達等の娘が嶋《しま》（善信尼《ぜんしんに》）です。

達等は信仰厚い人物ですが、出家はしていませんし、おもしろいことに、「倭国の教主」と呼ばれ、すべての仏教諸派の源流ともいえる聖徳太子も出家しておられません。

欽明・敏達・用明……崇仏と排仏のせめぎあい

さて、蘇我・物部の対立は、双方の勢力争いと絡んで、しだいに深まり、稲目の息子・馬子《うまこ》と、尾輿の息子・守屋《もりや》のときに絶頂となりました。

欽明天皇は崇仏派で、蘇我氏の仏教政策を受け入れていたように思われます。

その後、欽明天皇の第二皇子が即位し、これが**敏達天皇**《びだつ》です。

敏達天皇のはじめの后は、非蘇我系の豪族の娘・広姫《ひろひめ》。その死後は自らの異母妹であり、蘇我稲目の孫娘にあたる額田部皇女《ぬかたべのひめみこ》（のちの推古天皇。稲目の娘・堅塩媛《きたしひめ》と欽明天皇のあいだに生まれた）を后としています。

どうもこの時代、蘇我系は崇仏派で、非蘇我系は排仏派だった感じで、これがそのまま敏達天皇の対仏教政策を反映しているようです。広姫が后のときは物部守屋が仏教弾圧をおこないましたし、額田部が后のときは蘇我馬子が盛り返している感じです（前妻のときと後妻のときで趣味や言動がガラッと変わる、いわゆる妻の尻に敷かれた男みたいな話です）。

敏達天皇十四年の三月一日のこと。当時、疫病が流行していました。物部守屋と中臣《なかとみの》勝海《かつみ》は、これを「蘇我氏が異国の神を祀《まつ》ったために、日本の神々が祟《たた》っているのだ」と主張し、仏教弾圧を開始したといわれています。

三月三十日から弾圧が開始されました。寺院の塔を倒し、仏像や堂を破壊して仏像は海に捨てたといいます。ちなみに、大阪市内に堀江《ほりえ》というところ（現在は陸）があるのですが、ここが仏像を沈めたといわれる場所で、のちに光明とともに海から仏が浮かび上がってきた、という伝説の地となります（大阪市西区北堀江の阿弥陀池《あみだいけ》がその場所ともいわれます）。

物部氏は、軍事などを担当していた豪族とよく説明されますが、それだけではなく、「盟神探湯《くかたち》」の執行者であったことがわかっています。

すなわち、これは裁判官と同じで、物部氏は司法や検察を担当していたと推察できます。実際、善信尼らの尼たちの法衣を奪い、鞭打《むちう》ちの刑にしました。

大阪市西区の阿弥陀池（著者撮影）
池のまわりを墓地が、さらに、そのまわりをマンションが取り囲む

大きな「お墓」から「お寺」へ

敏達天皇が崩御すると、即位したのが欽明天皇の第四皇子であった用明《ようめい》天皇。用明天皇の母は、蘇我稲目の娘（前出の堅塩媛）でした。

その用明天皇が即位後二年にして病に倒れると、群臣を集めて、

「わたしは《仏・法・僧》に帰依《きえ》したい」

と宣言されます。排仏派と崇仏派の形勢が逆転した瞬間でした。病に倒れた一週間後、用明天皇は崩御されます。次の皇位をめぐって馬子と守屋が対立、政治的空白が生まれました。これを両者、軍事力で解決しようとします。

五八七年、物部氏の根拠地の河内渋川《かわちしぶかわ》（現在の大阪府八尾《やお》市）で戦いが始まりました。物部軍が優勢でしたが、厩戸王《うまやどおう》（のちの聖徳太子）が《ヌリデ》の木を削ってつくった四天王像を頭上に戴《いただ》いて、

「敵に勝たしてくださいますならば、四天王さまのために寺を建てます」

と、馬子とともに誓願しました。これをきっかけに蘇我軍が逆転して、蘇我軍が勝利した、といわれています。ちなみに、このヌリデ、ウルシ科の植物で「ヌルデ」「ヌデ」ともいい、「白膠木」あるいは「樛」という字をあてるのですが、この「樛」の《木へんに勝》というなりたち、いかにも「戦勝祈願の木」であることを思わせます。

こうして、いわば《戦勝記念モニュメント》として、聖徳太子による**四天王寺**建立、蘇我馬子による**法興寺**《ほうこうじ》（飛鳥寺）の建立がおこなわれました。造寺が《政治的デモンストレーション》であり、かつ、欽明天皇以降、大規模な古墳がみられなくなることから、古墳の造営にかわり寺院建立が権威を示すことになった契機でもありました。

大きな「お墓」から「お寺」へ……ステータス・シンボルの転換です。

「物部＝ごりごりの排仏」ではない

ところで、おもしろいことが明らかになりました。排仏派であると考えられていた物部氏の領地から近年、寺院の跡地が複数発見されるようになったことです。単純な、

《「仏教受け入れ」対「仏教弾圧」》

とは考えにくい状況だったことが想像できます。実は、日本にはすでに**仏も神々の一つとして広がっていた**のではないでしょうか。

対立するものとして、ではなく……

しかし、百済からの仏教公伝は、東アジアの政治的イデオロギーとしての導入、すなわち、のちの「国家仏教」の採用をめぐる対立、祭祀を司《つかさど》る大王のあり方（政治体制）をめぐる対立をもたらしたのでしょう。

仏教は「**教主王従**」です。つまり、仏の教

四天王寺の境内（著者撮影）
境内の一角には、敗軍の将である
物部守屋をまつった祠も鎮座する

えが《主》であり、王あるいは皇帝がその教えに《従って》政治をする……

いっぽう大王は、国の神々に対する**最高祭祀者**として政治をしてきました。

前者（「教主王従」の政治）こそ、蘇我馬子・聖徳太子が考えた政治。

物部守屋・中臣勝海との対立も、ここにあった、と思います。蘇我馬子は、大規模な寺院造営を通じて、大きく勢力をのばしました。「教主王従」の仏教を主宰すれば、王権を《制限》して、政治を《執行》する
ことが可能になります。蘇我氏のねらいも、ここにあったのではないでしょうか。聖徳太子が推古《すいこ》天皇の「摂政《せっしょう》」となりえたのも「教主王従」の思想が背景にあるとすると、《最高祭祀者》としての大王と、《執政者》としての聖徳太子
という体制も理解できます。

『日本書紀』には、ちょっとおもしろい記事があります。日照りが続いたとき、蘇我氏が雨乞いをしたが雨が降らず、推古天皇が雨乞いをしたら雨が降った、とされています。

大王の祭祀権とその権威の健在を誇示しているようです。

「聖徳太子」伝説の誕生
——国際拠点となった大和川と斑鳩《いかるが》の里

曲尺《かねじゃく》を持った太子

蘇我馬子が造営した法興寺（のちの飛鳥寺）の伽藍《がらん》配置は、「一塔《とう》三金堂《こんどう》」という独特の形式で、日本に仏教を公伝させた百済にはみられず、高句麗《こうくり》の清岩里《せいがんり》廃寺、上五里廃寺などにみられるもので、朝鮮半島との交流も高句麗に及んでいたことがわかります。

また、飛鳥寺の建立に携《たずさ》わっていた技術者は、朝鮮半島の匠《たくみ》だけでなく、なんとペルシア人と考えられる技術者がいたことがわかっています。「太良未太《タラミタ》」「文買古子《モンケコシ》」という名前が寺工の名の記録にあるからです。ペルシア語で「タラ」は倉や宮を意味し、「ミタ」は匠を意味します。英語の「カーペンターさん」ではありませんが、建築技師のような気がします。さらには「モンケ」は鑿《のみ》、「コシ」は定規を意味しています。

ところで、聖徳太子は、大工さんたちの「守護神」となっていることをご存じでしょうか。室町時代から大工・職人たちが、聖徳太子の命日二月二十二日に「**太子講《たいしこう》**」を開いているのですが、彼らがこのとき掲げる掛け軸の聖徳太子は、なんと定規（曲尺《かねじゃく》）をお持ちになっています。すぐれた文化・技術を外国から取り入れた聖徳太子の伝説が生まれた背景かもしれません。

太子はマルチリンガルの「国際政治家」だった？

飛鳥寺の寺工たちがペルシア人であったとすると、彼らの宗教である、**ネストリウス派のキリスト教**（中国では「景教《けいきょう》」と呼ばれ、七〜十世紀に栄えた）だけでなく、**ゾロアスター教**（古代イランの宗教家ゾロアスターが創始。「拝火教《はいかきょう》」とも）なども伝わった……とまではいえないとしても、当時の日本人はそういう異文化・宗教にも接していたはずです。難波《なにわ》に着いた、遣隋使《けんずいし》を乗せた船や渡来人たちが乗る船は、**大和《やまと》川**（昔は「草香江《くさかえ》」と呼ばれた難波の入江にそそいでいました。70ページ図参照）を遡上《そじょう》し、現在の奈良県王寺町《おうじちょう》あたりから斑鳩《いかるが》へ、また、さらに遡《さかのぼ》って竜田《たつた》川や富雄《とみお》川などが大和川と合流する河合町《かわいちょう》（たくさんの小さな河川が合流するのでこの名があります）あたりから明日香《あすか》へとやってきて

大和川と竜田川の斑鳩町側の合流地点で、南岸の河合町（左奥）**や王寺町**（右奥）**を望む**
（令和元年11月23日 著者撮影）画面右、手前から中央へ流れる竜田川が、左から右奥へ流れる大和川にそそぐ。『古今集』および『小倉百人一首』所収歌、在原業平の「ちはやふる神代も聞かず竜田川 からくれなゐに水くくるとは」で有名な紅葉の名所は背中の方向。

いたと推測できます。すなわち、このあたりは、

当時の《国際貿易拠点》であったといえるかもしれません。国際色ゆたかな文化が生まれていたと考えられます。

聖徳太子は「豊聡耳皇子《とよさとみみのおうじ》」ともいわれ、「十人の言葉を聞き分けた」といわれています。多くの人々の意見を聞いた、といわれていますが、飛鳥時代の国際性を考えたならば、中国大陸の言葉も朝鮮半島の言葉も、ひょっとしたら遠くペルシアの言葉でさえも理解できた、と考えてみるのも、おもしろいかもしれません。

国際政治家「聖徳太子」の一面です。

太子由来の難読地名

斑鳩と明日香などを結ぶ道が、聖徳太子が往

来した道として「**太子道**《たいしみち》」と名づけられています。斑鳩から明日香や河内へ政務を執《と》るために、「通勤」されていた……ゆえに、王寺町にせよ、河合町にせよ、斑鳩町にせよ、聖徳太子由来の伝説・地名がたくさん残る地です。

難読地名として地元ではけっこう有名な、

「送迎」

というところが王寺町にはあります。

そ、そうげい？　とはもちろん読みません。これで「ひるめ」と読みます。

斑鳩から河内へ向かうところで、聖徳太子さまがご休憩なされたそうです。村人たちはこの地で太子を出迎え、そして送り出した……その際、そこで村人は昼食を供したようです。え？　ま、まさか……はい。そこで「ひるめし」をとられたので「ひるめ」となった……

だ、だじゃれか！　とツッコミが入りそうですが、そも

地域の連帯を感じさせる「送迎《ひるめ》自治会」の掲示板と達筆の「送迎公民館」看板（ともに奈良県王寺町で著者が撮影）

そも日本は言葉遊びの文化にあふれています。明日香も「飛鳥」と表記するのは、地名としての明日香の枕詞《まくらことば》が「とぶとりの明日香」だからです。万葉集でも「十六」は、かけ算九九《くく》の「四四《しし》、十六《じゅうろく》」となることから「しし」と読ませています（巻三・二三九番ほか）。

伝説が伝説を呼ぶ

王寺町には達磨《だるま》寺という聖徳太子ゆかりの地があります。

聖徳太子が片岡山（王寺町の周辺にあったとされる）に出かけたときに、飢えて道に寝ている人を見つけました。太子は食物をあたえ、自分の着ている衣を着せてやります。気になった太子は翌日、部下に様子を見に行かせました。しかし、すでに死んでいたということを聞いたので、墓をつくり手厚く葬らせました。さらにその後、やはりどうも気になる、あの人はただの人とは思えない、「**真人**《ひじり》」にちがいない、ということで再度、墓を調べさせました。すると不思議なことに、墓はそのままだったのに、棺はからっぽ。聖徳太子があたえた衣だけが残されていた……

という伝説があります。そして、この飢人《きじん》こそが達磨大師（インドから中国に禅の教えを伝えた。「面壁九年」で有名）の生まれかわり、という考えが後年あわさって、聖徳太子と達磨大師の出会いの伝説となりました（片岡山飢人伝説）。王寺町の達磨寺の本堂下には古墳があり、聖徳太子が飢人のためにつくらせた墓である、とされています。

東西交流が生んだ伝説

さて、この「伝説」は、単に仏教的な要素だけでなく、「真人」という表現から、中国の神仙思想（道教も含めて）の影響があるようにも思います。

以下は珍説ですが、ペルシア人なども渡来人に含まれていたとするならば、ネストリウス派キリスト教の説話も知られていたかもしれません。聖人が棺から消える、というのは、イエスの復活の話にも似ていないことはありません。もちろんこれはコジツケですが、聖徳太子の伝説は、仏教のみならず、**多様な東アジアの宗教の影響を受けたもの**になっています。蛇足ながら、聖徳太子が「厩《うまや》」で生まれたのは、イエスの誕生伝説と同じだ、という話も長くありました。現在ではこの説は否定されつつあります。

トンデモ学説も含めて、以後、それぞれの時代のさまざまな要素を多様に絡めて、聖徳太子伝説は成長していくことになりました。

【2】飛鳥時代③

「亀」が背中にのせるもの
――飛鳥・奈良の人たちは、亀が大好き

奈良時代の年号の「四分の一」

飛鳥文化は、かつて教科書では「日本最初の仏教文化」と説明されていました。ところが、現在ではこのような説明はしなくなっています。というのも、飛鳥文化を「仏教文化」のみの側面からとらえるのは一面的ではないのかというように考えられているからです。飛鳥（一般に「飛鳥文化」は七世紀前半）と、それに続く白鳳期《はくほう》（七世紀後半〜八世紀初め）の文化では、渡来人の文化・技術に加え、仏教だけではなく中国の神仙思想の影響も濃厚にみられます。

その一つが「亀」です。

か、かめ?

と思われるかもしれませんが、奈良県明日香村は「亀」に関連した遺跡・遺物が多くみられます。

みなさんは、「仙人」ってわかりますよね。修行して、神さまの世界に出入りして、この世と神さまの世界をつなぐ人……

その神さまの世界で、大切な役割をしているのが、「亀」です。

「鶴」と「亀」は日本でも縁起がいいもの、といわれていますが、これも「神仙思想」からきているといわれています。

「亀」は世界を支えている生き物、と考えられていました(ちなみにインドではゾウです)。

「亀」が現れると、いいところ(桃源郷・ユートピア)に連れて行ってもらえる、という考え方もあって、だから、「浦島太郎」は「亀」の背中にのって「竜宮城」に行く、という話が生まれた、と考えられています。

実際、日本の年号(元号)に「霊亀《れいき》」(七一五~七一七年)というのがありますが、これ、白いめずらしい亀が発見されて天皇さまに献上されたから、「おお!縁起がよいぞ!」と年号になったくらい。以下に示したとおり、奈良時代は全部で十二の年号がありますが、そのうち三つが、めずらしい「亀」の発見を理由に改元しています。

（おもなできごと）

①和銅《わどう》（七〇八〜七一五年）……和同開珎の発行（七〇八）・平城京遷都（七一〇）
②霊亀（七一五〜七一七年）……元明天皇から元正天皇へ＝女帝どうしの代替わり（七一五）
③養老《ようろう》（七一七〜七二四年）……養老律令の撰修《せんしゅう》（七一八）
④神亀《じんき》（七二四〜七二九年）……聖武天皇即位（七二四）
⑤天平《てんぴょう》（七二九〜七四九年）……大仏造立の詔《みことのり》（七四三）※このころ天平文化が花開く
⑥天平感宝《かんぽう》（七四九年）…………孝謙天皇即位（七四九）※以後しばらく四字年号
⑦天平勝宝《しょうほう》（七四九〜七五七年）……大仏開眼《かいげん》（七五二）・鑑真来朝（七五四）
⑧天平宝字《ほうじ》（七五七〜七六五年）……孝謙天皇譲位（七五八）→のち重祚して称徳天皇（七六四）
⑨天平神護《じんご》（七六五〜七六七年）……道鏡が太政大臣禅師に（七六五）
⑩神護景雲《けいうん》（七六七〜七七〇年）……宇佐八幡神託事件（七六九）
⑪宝亀《ほうき》（七七〇〜七八一年）……称徳天皇崩御、道鏡失脚、光仁天皇即位（七七〇）
⑫天応《てんのう》（七八一〜七八二年）……桓武天皇即位（七八一）

右のうち有名な「天平」には「亀」がついていませんが、「霊亀」「神亀」「宝亀」と、奈良時代の年号の四分の一が「亀」です（ちなみに、二百四十を超える日本の年号のうち「亀」

がつくのは五つで、上述の三つ以外の「文亀」「元亀」は、ともに室町時代の後期の年号。織田信長の政権掌握を象徴する「天正」改元の前の「元亀」改元に際して、信長がその改元に反対したと伝わっています）。

背中にモノをのせない「亀」

このように、飛鳥・奈良時代の人たちは、亀が大好き。明日香村には「神仙思想」に関係が深い「亀形の遺物」がたくさんあります。

亀の背中にはモノをのせる……ですから、建物の柱を支えるための石を「亀形」にしたりします。仏教が入ってからも、この神仙思想と混ざり合って、お寺の柱を支える石を「亀形」にしているものもたくさんありました。

ところが、背中にモノをのせない「亀」も飛鳥では見つかります。亀の形をしているのに、背中に「水」をためる石造物……酒船石《さかふねいし》遺跡の「**亀形造形物**」はその代表例です。「神仙思想」では、水の神さまは、「河伯《かはく》」といいます。その「河伯」の家来がなんと、

「鼈《べつ》」

です。

な、な、なんじゃこりゃ、という難しそうな字ですが、これ、意味は「スッポン」です(複雑なので大きくしてみました)。

モノをのせるカメ。

水をためるスッポン。

水をためるのを水ガメ(瓶・甕)ともいうので、ちょっとややこしいですが……

二〇一九年の調査で、大阪市の四天王寺の境内《けいだい》にある「亀形の遺物」も、飛鳥時代のものであることがわかりました。神仙思想から考えると、「亀」と思われる造形物は「鼈」と考えたほうがよいものもありそうです。

古代の大事件の意味

さて、酒船石遺跡の「亀形造形物」は斉明《さいめい》天皇(皇極《こうぎょく》天皇の重祚《ちょうそ》)の両槻宮《ふたつきのみや》ではないかと考えられていて、水を用いた祭祀の場であったと考えられています。

また、**乙巳《いっし》の変**(六四五年に起こった、中大兄皇子《なかのおおえのおうじ》による蘇我入鹿《いるか》殺害事件)ののち、都が難波にうつされ、**大化の改新**が始まりましたが、その難波の地の四天王寺にも酒船石遺跡と

江戸時代に描かれた乙巳の変（『多武峰縁起絵巻』談山神社［奈良県桜井市］蔵）。装束は平安以降のものになっている。中央は宙に舞う入鹿の首。左上は皇極女帝

ほぼ同じころの「亀形造形物」があります。

もちろん四天王寺は「寺」ですが、この「亀形造形物」が境内に発見されている以上、孝徳天皇もまた水を用いた祭祀をここでおこなった可能性が高いような気がします。

蘇我馬子・蝦夷・入鹿の時代の《「教主王従」の政権》から《最高祭祀者としての大王を中心とする政権》へ移行していることを、これらの遺跡が示しているのかもしれません。

仮にそうだとすると、大化の改新は、**支配者層の宗教改革の側面**があったと見ることもできます。

【2】飛鳥時代④

応接間、居間、そして奥座敷
——日本の「おうち」の原型が古代に

遷都につぐ遷都……王都漂流のわけ

乙巳の変後、中大兄皇子・中臣鎌足らは、蘇我入鹿が擁立していた古人大兄王《ふるひとのおおえのおう》、さらには乙巳の変に協力した蘇我倉山田石川麻呂《くらやまだいしかわまろ》を滅ぼし、「蘇我色」の一掃を図りました。飛鳥から難波《なにわ》に都がうつされ、いわゆる「大化の改新」と呼ばれる諸改革が始まりましたが、やがて孝徳《こうとく》天皇と中大兄皇子（二人は叔父《おじ》と甥《おい》の関係）が対立したといわれ、孝徳天皇が難波に置き去りにされるという形で、都が飛鳥に再びうつされました。

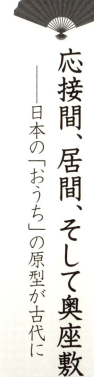

孝徳天皇の没後、中大兄皇子の母（孝徳天皇の同母姉でもある）が再び即位し、斉明《さいめい》天皇となります（前述。皇極《こうぎょく》天皇の重祚《ちょうそ》）。

そして、酒船石遺跡が両槻宮であると考えると、亀形造形物にみられるように水を用いた祭祀の場がつくられ、最高祭祀者としての天皇による政治がおこなわれていたと推測できます。

「教主王従」の政治から、「最高祭祀者＝天皇」の政治へ……大化の改新のあった飛鳥時代は、政治改革と宗教改革の時代だったかもしれません。


熟田津《にきたつ》に船乗りせむと月待てば　潮《しお》も適《かな》ひぬ今は漕《こ》ぎ出《い》でな

という和歌があります。朝鮮半島で新羅《しらぎ》が百済《くだら》を滅ぼし、百済の王族が日本に救援を要請してきました。もともと新羅は六世紀の段階で北九州の**磐井《いわい》の反乱**を後援し、日本と対立してきました。百済を滅ぼしたのちは、ひょっとしたら北九州への勢力拡大をめざして新羅が攻めてくる可能性もあります。こうして朝鮮半島への出兵が決断されました。

この歌は、額田王《ぬかたのおおきみ》の歌とされていますが、額田王は巫女《かんなぎ》であったともいわれている女性です。白村江《はくすきのえ》への出兵の時期の神意を伝えた歌ともいわれ、「出航するのに適した潮」となった、「さぁ出航だ」という意味が込められていました。

おもしろいのは、この歌は額田王の歌ではなく、斉明天皇が詠んだものだ、と唱える学者もおられるようで、いずれにせよ、政治・外交の決定に際して、司祭者による判断がみられるという点です。

白村江の戦いの敗戦後、遷都がおこなわれました。飛鳥から大津《おおつ》(今の滋賀県)に都がうつされたのです。

遷都は当然、新しい都の造営をともないます。人々の負担が増えることになり、火事が発生した記録もあり、遷都に反対した住民による放火ではないかともいわれました。急進的な天智天皇の改革に対する諸豪族の反対も高まり、「改新」への不満が高まりました。古代最大の反乱である**壬申の乱**《じんしん》の背景は、このようなこともあったといわれています。

神と仏の使い分け?

大海人皇子《おおあまのみこ》は天智天皇の弟で、次期天皇と考えられていました(『日本書紀』では「皇太弟」と記されています)が、天智天皇は、子の**大友皇子**《おおとものみこ》を天皇に推すように考え始めたようです。『日本書紀』によれば、大海人皇子は「出家」し、吉野に「引退」するという対応をとっていますが、この段階で「出家」が世俗との関わりを断つ行為とみなされているところがおもしろいところです。

俗世は神々の祭祀で、非俗は仏教で……

そのような分類が「大化の改新」で進んでいたかもしれません。

「奥座敷」としての伊勢神宮の誕生

さて、六七二年、古代最大の内乱、**壬申の乱**が起こります。皇位継承をめぐり、天智天皇の死後、天智天皇の子・**大友皇子**と、**大海人皇子**が争いました。結果、地方豪族を率《ひき》いた大海人皇子が勝利し、大友皇子に味方した有力中央豪族が失権することになりました。大海人皇子は天武天皇として即位し、中央集権体制が一気に進むことになり、「大王」という呼称から「天皇」という名称が使用されるようになったのもこのころからだと推測されます。そして、現在に続く、

「伊勢神宮のかたち」

も、ここから始まったと考えられます。壬申の乱に際して大海人皇子が戦勝祈願した伊勢の神が、国家的な祭祀の対象となったのです。

天武天皇が政治的にめざしたことは、中国のような、

《皇帝が率いる官制》

だったかもしれません。「八色《やくさ》の姓《かばね》」（真人《まひと》、朝臣《あそん》、宿禰《すくね》、忌寸《いみき》、道師《みちのし》、臣《おみ》、連《むらじ》、稲置《いなぎ》）と呼

ばれる新しい身分秩序、銭貨（富本銭《ふほんせん》）の鋳造、歴史の編纂《へんさん》、そして唐の長安をモデルとした**藤原京《ふじわらきょう》**の造営などに着手します。

藤原京は中国の建築様式を模した瓦葺《かわらぶ》き、礎石《そせき》建ちの大極殿《だいごくでん》・朝堂《ちょうどう》が造営される都市となりました。藤原京は天武天皇の死後、**持統天皇《じとう》**（天武天皇の后）によって完成されることになります。

しかし、注目すべきは、奈良の飛鳥で中国風の藤原京が造営されているのとほぼ同じころ、白木の簡素な神殿を持つ、まったく中国的な要素をもたない（古代からの日本の建築様式の）**伊勢神宮**およびその社殿が造営され、天武・持統両天皇によって「式年遷宮《しきねんせんぐう》」など現代に続く伊勢神宮のあり方が始まっている、ということです。

都では、仏教を国家がコントロールする官寺の制度が整えられ、「八色の姓」のように聖徳太子以来の中央集権政策があたかも復活したかのようです。

蘇我・厩戸王政権期の「**教主王従**」**の仏教**

⇔

斉明・天智天皇期の「**最高祭祀**」**としての大王のあり方**

両者が、あたかも壬申の乱後にアウフヘーベン（止揚《しよう》）されたかのようです。

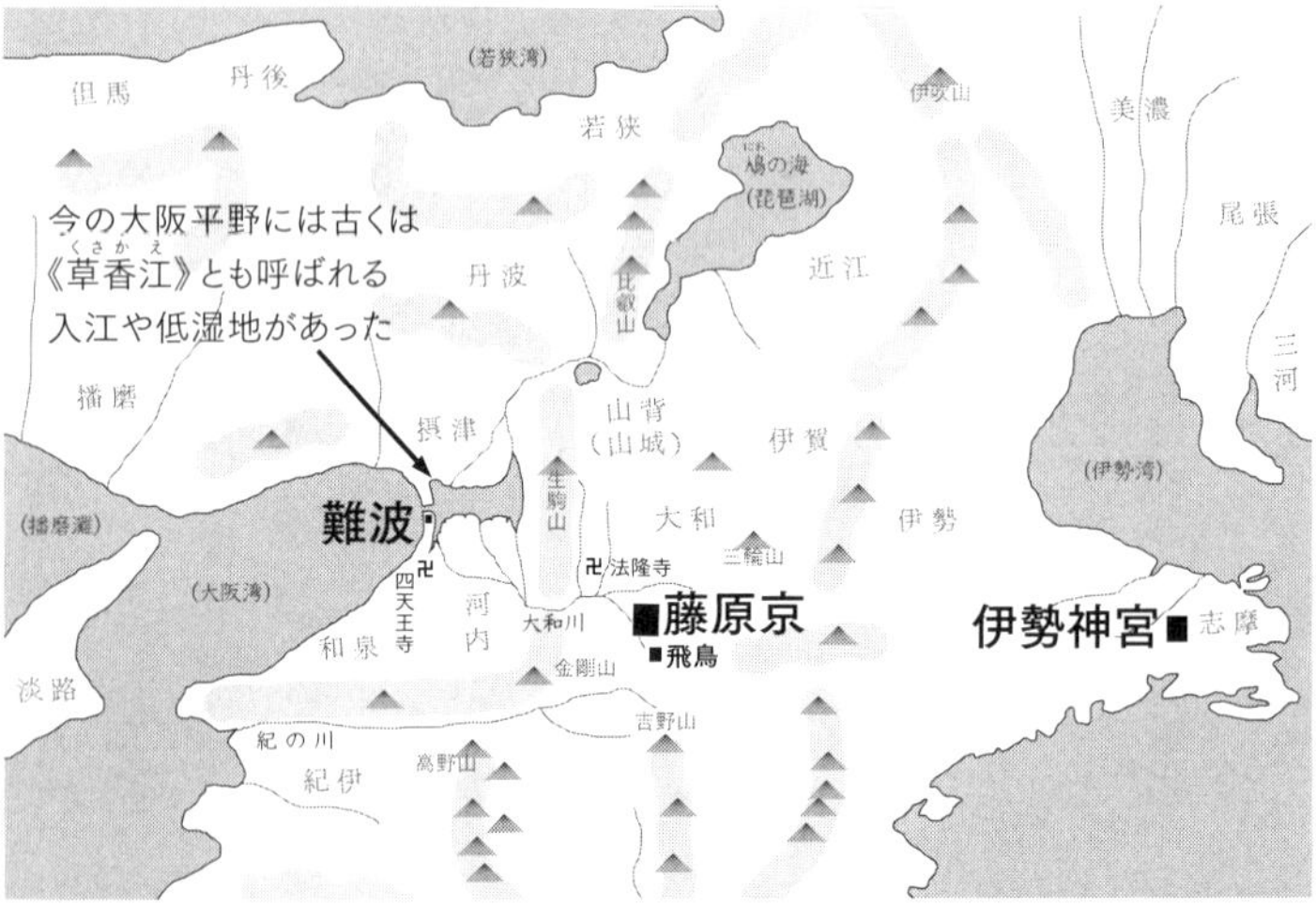

《難波》が国際貿易港として、国家という「家」の**玄関**あるいは**応接間**、そこから《大和川》という**廊下**を通って《奈良の飛鳥》にたどりつくと、そこには中国風の都である《藤原京》という**リビング**があり、そしてさらに、お客さんが入らない**奥の間**として《伊勢》には神が祭られた**和室**がある……

応接間・リビング・奥座敷……現在の日本の「おうち」にもみられる構造が、難波・飛鳥・伊勢で実現しているかのようです。

【2】飛鳥時代⑤

斎宮は「政教分離」の始まり？

——五十年間の空白の謎

斎宮の制度はいつから始まったか

前にも紹介した『魏志』倭人伝のくだり（29ページ参照）、

……一女子を立てて王と為《な》す。名を卑弥呼《ひみこ》と曰《い》ふ。鬼道《きどう》を事《こと》とし、能《よ》く衆《しゅう》を惑《まど》はす。

のあとには、次のような説明が続きます。

年已《すで》に長大なるも夫婿《ふせい》無く、男弟有り、佐《たす》けて国を治《おさ》む。

卑弥呼による神権政治（既述のとおり「占《うらな》い」を用いて政治をおこなうこと）の記述ですが、「弟」が補佐して国を治めている、という部分に注目してみると……

この形態は、日本の古代の「政《まつりごと》」における《一つの典型》だったのではないでしょうか。

というのも、推古《すいこ》天皇と厩戸王《うまやどおう》（聖徳太子）は《おばと甥《おい》》ですし、斉明《さいめい》天皇と中大兄《なかのおおえ》皇子は《母と子》の関係です。卑弥呼とその男弟と同様、《年長の女王》に《補佐する男子》という関係です。

もっというと、祭祀と国事、古代においては、はたしてどちらが「上位」にあったのか。前に、前方後円墳の方形部に女性祭祀者が葬られている場合があるという話をしましたが、この女性祭祀者が、大王の妻、あるいは姉妹であったとしたら……

そこで関連するのが、『日本書紀』の**崇神《すじん》天皇**即位六年の記述です。そこには、

「豊鍬入姫命《とよすきいりひめのみこと》に天照大神《あまてらすおおみかみ》を祀《まつ》らせる」

というものがあります。自分の娘に神を祀らせる……と。

また、崇神天皇の子である**垂仁《すいにん》天皇**のときのこと。垂仁天皇は、大王家の祭祀の、いわば**「宗教改革」を実施した人物**といえます。

皇后日葉酢媛命《ひばすひめのみこと》がお亡くなりになったとき、それまでの殉死《じゅんし》の風習を廃止し、代わって「埴輪《はにわ》」を作製させて並べる、ということを開始したとされています。

ちなみに、これを天皇に提言したのが、**野見宿禰《のみのすくね》**。

あれ？　のみの すくね？

どこかで聞いたことはありませんか？

大相撲ファンの方ならご存じのはず。角力《すもう》の祖、野見宿禰です。大和の力自慢、当麻蹴速《たいまのけはや》と戦ってこれを倒した、という話が「角力」の起源とされています。

この野見宿禰の子孫が、**土師氏《はじ》**です。土師氏は、土器の土師器《はじき》（弥生土器の後継）の製作に携わり、埴輪などを作製し（大阪府藤井寺市に土師《はじ》ノ里《さと》という地名が残っていて、埴輪製作工場の遺跡もあります）、さらには古墳の造営などを担当した「氏《うじ》」です。

想像を豊かにすれば、「野見」という名前から、古墳の造営地としてふさわしい場所を探し、縄張りしているイメージも連想できちゃいそうですし、土木工事で巨大な古墳づくりに力をふるっている様から、

「大きな力」をふるう野見宿禰＝力持ち＝力士の祖

という伝説が生じたと考えてみるのも、おもしろいかもしれません。

垂仁天皇は、自分の娘、倭姫命《やまとひめのみこと》に各地を巡行させ、天照大神が鎮座する地としてふさわしい場所を探させ、伊勢国に祀らせた、とされています。

『日本書紀』には、

斎宮《いはいのみや》を五十鈴《いすず》の川上に興《た》つ。是《これ》を磯宮《いそみや》と謂《い》ふ。

天皇、倭姫命を以《もっ》て御杖《みつえ》として、天照大神に貢奉《たてまつ》りたまふ。

と記されています。これをもって倭姫命を「斎宮」の始め、としています。

五十年の空白はなんだったか

殉死の廃止と埴輪の導入、そして大規模古墳の造営。さらに、政教分離の始まりといってよい、斎宮の始まり……これらを《一本の糸》のようにつなぐ《共通の意図》（ダジャレです）がある、と考えると、おもしろいかもしれません。斎宮は、以後、南北朝時代（後醍醐天皇の代）まで天皇の代替わりごとに選ばれ、伊勢にて天照大神を祀ってきました。

ところが、この斎宮には、**用明天皇**《ようめい》の皇女で、聖徳太子の異母妹でもある**酢香手姫皇女**《すかてひめのひめみこ》が選ばれたのち、**天武天皇**の皇女であり、大津皇子《おおつのみこ》（97ページ系図参照。草壁《くさかべ》皇子とともに天武天皇の後継者とされたが、謀反の疑いで自害に追い込まれる）の同母姉でもある**大来皇女**《おおくのひめみこ》までのあいだ、約五十年間の空白の時期があります（酢香手姫皇女は用明天皇没後も斎宮にとどまり、推古天皇の御代《みよ》の六二一年もしくは六二二年に斎宮退下《たいげ》したと伝わっています。いっぽう大来皇女が斎宮に選ばれたのは六七三年で、伊勢下向はその翌年)。大来皇女からが、制度上の斎宮の初代で、それ以前はのちに「創作」されたのではないか、とされていますが、むしろこの空白は「鎮護国家思想の始まり」にあたる時代です。国家を鎮護するため神も仏も、という姿勢……すなわち、「神祀《かみまつ》りの時代」から「仏教の時代」を経て、天武天皇の時代にこれらがアウフヘーベン(止揚)されたと考えると、つじつまは合います。ちょっと理屈っぽくなりますが、いわゆる「正《せい》・反《はん》・合《ごう》」の三段階で考えてみましょう。

正《定立《テーゼ》》………「神祀《かみまつ》り」の時代
反《反定立《アンチテーゼ》》……「仏教」の時代
合《総合《ジンテーゼ》》………「神仏並存」と「**(???)**」の時代

さて、問題です。「**(???)**」に入るのはなんでしょう。

①祭政一致、②政教分離……二択問題です(ここまでの復習なので簡単ですね)。

答えは②。「神仏並存」と「**政教分離**」の時代。両者(神仏)を共存させつつ、それらと一定の距離をおく(もちろん「政教分離」なんて言葉は当時はありませんから、より正確には今でいう「政教分離」が意識されはじめた時代というべきでしょうか)。

崇敬しつつ距離をおく

前節で「難波が《玄関》で、飛鳥が《リビング》、伊勢が《奥座敷》」という話をしました。その流れでいえば、天武天皇・持統天皇のときに、《外交・政治・祭祀の「首都機能」分散》が実現していたのかもしれません（「首都機能」分散というと今風です）。

伊勢の「斎宮」は、現在の三重県多気《たき》郡明和町《めいわちょう》にありました。斎宮跡（斎宮寮の跡地）は伊勢にあるといっても、伊勢神宮とは約三十里（約十六キロメートル）離れていて、かつて整備された「駅」が置かれていた間隔とほぼ一致しています（一定の距離をおく、ということでしょう）。斎宮には五〇〇人規模の役人が仕え、その敷地は一四〇ヘクタール近くもありました。ちなみに、平城京の平城宮が約一二〇ヘクタールでしたから、まさに「祭祀の都」といってもよい威容だったと思います。

政治史の枠外にある《斎宮の歴史》ですが、古代の政治史を概観するとき、現代人が考えている以上に、祭祀は重要な意味があったといえるかもしれません。

【3】奈良時代

《国をあげて神仏の並存が模索された時代》

奈良の平城京へ遷都がなされたのは西暦七一〇年……これを七《なな》と一〇《とう》で「なんと」と覚えた人も多いはず。時代がくだると、北の平安京に対して奈良は「南都《なんと》」と呼ばれますから、よくできた偶然ですよね。

厳密には、この七一〇年（和銅三年）が「奈良時代」の始まりですが、ここではその少し前、天武《てんむ》・持統《じとう》両帝、このご夫婦天皇の御代《みよ》から説き起こしていきます。前述の「壬申《じんしん》の乱」という古代最大の乱をはさんで、先帝の天智《てんじ》帝の遺志を引き継ぐ形で進められた律令体制……この時期にのちの神仏習合につながる神仏並存というべき宗教のあり方が国をあげて模索され、そのレールがしかれたのです。

【3】奈良時代①

仏教と国の政治
――最初の「生類憐《あわれ》みの令」

大乱のあとの大寺造営

天武天皇の時代、伊勢神宮を中心にした「神祇《じんぎ》制度」が整えられ、天皇が即位したときに最初におこなう**新嘗祭**《にいなめのまつり》が大々的に挙行されることになりました。

これが**大嘗会**《だいじょうえ》です。

同時に仏教も厚く保護しますが、あくまでも国家がコントロールするものとして「国家仏教」の確立をめざしました。

そこで利用したのが「**鎮護国家**《ちんごこっか》**思想**」です。天皇が、金光明経《こんこうみょうきょう》などいわゆる「護国の経典」を説く法会《ほうえ》を主宰しました。

金光明経は王が唱えれば、四天王や吉祥天、弁財天があらわれ、国が豊かになり、国家が守られる、というもの……

　そもそも仏の四方は持国天《じこく》（東の守り神）・増長天《ぞうちょう》（南）・広目天《こうもく》（西）・多聞天《たもん》（北）の四天王が守護する、と考えられていました。仏法が栄えると、その栄えている国の四方に四天王が現出して、よって国家が守られる、といってもよいかもしれません。

　天武天皇期に建立された寺院としては、**大官大寺**《だいかんだいじ》と**薬師寺**があります。「大寺《だいじ》」というのは、伽藍の造営、維持費用を国家が支出する寺を意味します。最初のものは天武天皇の父である舒明《じょめい》天皇時代の百済大寺《くだらおおでら》が有名です。奈良県桜井市の吉備廃寺がその遺構であると考えられているのですが、ここに建てられていた塔は、高さ約八〇メートルあったと推定される大規模なものでした。

　天武天皇は壬申の乱後、しばらく美濃（今の岐阜県南部）で滞在したのち（戦後のさまざまな処理があったのでしょう）、飛鳥に入り、百済大寺を移転して高市大寺《たけちだいじ》を造営します。

　また、薬師寺は天武天皇の皇后・鸕野讃良皇女《うののさららのひめみこ》（のちの持統天皇）が病気になられたときに、その平癒を祈って建てられたものです。

　薬師如来は病気の治癒、寿命の延長、災禍の除去（厄除《やくよ》け）、衣食の充足によって衆生を救う、とされています。

火葬のさきがけ

ところで、この時代、わたしたちの生活と関係が深い習慣が始まりました。

それが「**火葬**」です。

もともと（六四六年ですから大化の改新が始まったとき）、**薄葬令**《はくそうれい》というのが出されました。一定以上の位《くらい》にならなければ古墳がつくれない、というものです。以後、古墳が消滅していくことになります（例外的に造営された終末期の古墳は、奈良県の飛鳥地方に集中していて、高松塚古墳やキトラ古墳などがその代表例です）。

そして「火葬」が始まりますが、これは仏教徒固有の埋葬法でした。

最初の火葬者は七〇〇年の僧の**道昭**《どうしょう》といわれていて、七〇二年には持統太上天皇が、七〇七年には文武《もんむ》天皇（天武・持統両帝の孫にあたります）がそれぞれ火葬されています。

天武・持統両帝は野口王墓（八角形の古墳で、奈良県明日香村にあります）に合葬されているのですが、鎌倉時代の記録によると、遺骨は「**骨壺**《こつつぼ》」に納められていることがわかっています。

道昭は唐にわたり、なんと**三蔵法師**（玄奘《げんじょう》）に弟子入りした人物です。のちの南都仏教の一つ、法相宗《ほっそうしゅう》を伝えた人物でもあります（法相宗のほか、倶舎《くしゃ》宗・三論《さんろん》宗・成実《じょうじつ》宗・華厳《けごん》宗・

律《りつ》宗の六つを「南都六宗」といいます)。

みなさんは、お経の「般若心経《はんにゃしんぎょう》」をご存じでしょうか? これをインドから中国に伝えて漢訳したのが三蔵法師。であるなら、日本に「般若心経」を伝えたのは道昭である可能性も高いといえます。

「善政」の一環としての〝動物愛護〟

この時代、中国から伝わった経典の教えは、のちのち、日本人の生活思想の中にも広く浸透していくことにもなりました。

「人の命も、動物の命も、大切にしなくてはならない」

「天変地異は為政者の失敗を天が戒《いまし》めるもの」

……など仏典に記された考え方が広がり、

「善政」=仏の教えに即した政治は、逆に、

自然災害や災厄からまぬかれることに通じる

というような国家観・政治観が生まれました。

天武天皇および皇后の鸕野讃良皇女(のちの持統天皇)は、この考え方に強い影響を受け

ておられたようです。

六七五年、「**肉食禁止令**」が発せられ、さらに翌年、「**放生令**《ほうじょうれい》」が出されました。

「肉食」というのは、仏教で説く、

「五畜《ごちく》の殺生」


のことで、「五畜」とは牛・馬・犬・猿・鶏を指しました。

むやみに動物を殺す従来の蛮風を改め、「近代的な国家」＝中国の律令国家にふさわしい「道徳」を民衆に広めようとしていたのかもしれません。

徳川綱吉を〝弁護〟する

牛は田畑を耕し、馬はヒトやモノを運び、犬は番《ばん》をし、猿は人に似て、鶏は時を告げます。肉食禁止は、四月から九月の農繁期だけに限定されていて、単に宗教的な意味だけでなく、生産期の効率を高める、という経済的な意味もあったことがわかります。

「放生令」は捕った鳥魚を逃がしてやる、というもので、「肉食禁止令」とあわせて天武天皇が功徳《くどく》を積んで国家の繁栄、五穀豊穣《ごこくほうじょう》を祈念しようとした政策といえます。

聖武《しょうむ》天皇時代にも、飢饉《ききん》の際に禁酒令や屠殺《とさつ》禁止令などが出されています。

後年、江戸幕府の徳川綱吉《とくがわつなよし》が「**生類憐《あわれ》みの令**」を発して、あたかも愚かな政策のように揶揄《やゆ》されがちですが、

「悪政」が自然災害や災厄をまねく、

「善政」は自然災害や災厄からまぬかれることに通じる、

というような、古代からの国家観・政治観の影響下にあったと考えれば、綱吉の政治もちがう見方ができるような気がします（なお、306ページからの《綱吉がつくった「現代日本」》で実際に綱吉の政治を再評価しているので、あわせてご参照ください）。

【3】奈良時代②

都はどのようにして選ばれたか

——奈良の都は「ちらし寿司」？

和漢折衷の都

「都」はかつて「宮処《みやこ》」と記していました。すなわち、「宮」のあるところ、大王がおわします場所、という意味です。

ですから、以前は大王の代が変わるごとに宮が新しくつくられて、うつっていく、というときもみられました。しかし、一代一宮というわけではなく、推古天皇は**豊浦宮**《とゆらのみや》で即位され、新宮として**小墾田宮**《おはりだのみや》に居をおうつしになられています（発掘調査が進み、明日香村の雷丘《いかずちのおか》あたりにあったのではないかと推測されています）。

『日本書紀』の記述によれば、小墾田宮はのちの朝堂院《ちょうどういん》（朝堂および大極殿《だいごくでん》など）・内裏《だいり》に発展する原型を備えていたと考えられ、実際、冠位十二階《かんいじゅうにかい》や十七条憲法を制定したり、遣隋使の派遣や隋からの答礼使をむかえたりした、とも考えられる宮でした。

次の舒明天皇は、やはり雷丘の近くの**岡本宮**《おかもとのみや》にうつられましたが、火災に遭い、**田**《た》**中宮**《なかのみや》（現在の橿原《かしはら》市田中町）に遷宮されています。

舒明天皇ののち、その后が皇位につかれますが、これが皇極天皇です。大化の改新の始まり、乙巳《いっし》の変は皇極天皇の代、飛鳥の「**板蓋宮**《いたぶきのみや》」で起こりました。

ここまでで、

豊浦宮→小墾田宮→岡本宮→田中宮→板蓋宮

と変遷していますが、乙巳の変後、それまでの宮の所在地であった飛鳥から、大きく移転されて難波（大阪府）にうつされることになったのです。

唐の律令制度が伝わるとともに、いわゆる「首都」の固定、ということが考えられるようになりましたが、「大化の改新」以降「奈良時代」までは、日本古来の「宮処」の考え方と、唐の「都城制」の考え方のいわば折衷のような形で、都は変遷しています。

「宮」から「都」へ

難波宮は、新政にふさわしい規模と内容の都づくりがされていたようです。天皇のお住まいにあたるのが**内裏**なのですが、内裏と政治・儀礼をおこなう場である**朝堂**が明確に分離されるようになりました。以後、藤原京・平城京・平安京など、この形を踏襲していくことになります。朝堂も左右十四（東西に七堂ずつ）配置されていますが、それぞれ規模がちがい、おそらくそこで働く官人の位によって差がつけられていたのでしょう。それまでの「宮」から一歩踏み出した「都」となっていたことがわかります。

飛鳥から難波への遷都は、新政を始めるにあたって、やはり「教主王従」の仏教の都からうつし、《大天＝最高祭祀者＝中国の皇帝》への飛躍をめざしたものといえるかもしれません。平成二十二年の発掘調査では、漆喰《しっくい》の壁の遺構もみつかり、朱塗りの柱、城壁の大規模な都の姿が想像できるようになりました。

実際、『日本書紀』に記されている、

「宮殿の状《ありさま》、ことごとく謂《い》ふべからず（言葉ではいいあらわせない）」

という表現が虚構でも誇張でもなかったことがわかります。

儀式のうちでも、宗教的な部分の「分離」もあったのかもしれません。前述したように、四天王寺で確認された「亀形造形物」が七世紀の飛鳥時代のものであったことがわかっています。難波宮に遷都してからの宗教的儀礼の場は、難波宮の南に位置する四天王寺であった、と考えてみるのもおもしろいかもしれません。

再びの飛鳥、そして大津へ

孝徳天皇と対立することになった中大兄皇子や中臣鎌足らの政権中枢部は、孝徳天皇を置き去りにして飛鳥（板蓋宮）にもどった、といわれています。そして孝徳天皇の崩御後、天皇となられたのが前天皇の皇極天皇でした（重祚）。

そうして斉明天皇として新たに即位されましたが、火災に遭ったため、いったん**川原宮**《かわらのみや》にうつり、さらに**岡本宮**（後飛鳥岡本宮《のちのあすかのおかもとのみや》）へ宮をうつします。前述した亀形造形物や酒船石などがつくられたのもこの時期です。

都が飛鳥に再びもどった、といっても、難波宮が破棄されたわけではありません。「国際貿易港」難波に造営された都は、壬申の乱後、天武天皇の時代も、

《玄関・応接間》

として機能しつづけています。

いっぽう、朝鮮半島で新羅が統一戦争に乗り出すと、日本は滅ぼされた旧百済勢力の後援と百済再興のために兵を派遣しますが、白村江の戦いで大敗してしまいます。そこでさ

らに内陸の近江《おうみ》（今の滋賀県）の**大津宮**へ遷都することになりました。

斉明天皇の崩御後、天皇の位は空位でしたが（中大兄皇子が皇太子のまま政治をおこなっていた。これを「称制《しょうせい》」といいます）、天智天皇として即位することになります。

難波→飛鳥→大津

とまた都がうつることになります。

漏刻は軍事目的？

ところで、これらの時期の難波・飛鳥・大津の宮では、「水」との深い関わりがあることがわかります。難波の四天王寺の亀形造形物、飛鳥の水落《みずおち》遺跡・酒船石・亀形造形物、そして大津の「漏刻台《ろうこくだい》」。

「漏刻台」とは、水時計のことです。日本で初めて水時計を導入したのが中大兄皇子と考えられていて、飛鳥の水落遺跡なども漏刻台の遺跡ではないかと考えられています。

大津宮では漏刻台がつくられて時が告げられたようなのですが、大化の改新後、中国の皇帝を模した天皇制の確立をめざしていたとするならば、「時の支配」を意識していたとも考えられています。

ただ、白村江の戦い後、大宰府を中心に**水城**《みずき》を築き、瀬戸内沿岸に朝鮮式山城《さんじょう》（百済の将軍の指揮で築かれたとされる）を備え、大阪に**高安城**《たかやすじょう》（「たかやすのき」とも。奈良県生駒《いこま》郡平《へ》群《ぐり》町と大阪府八尾市をまたぐ高安山にあったとされる）をつくり、新羅・唐軍の襲来に備えていることを鑑《かんが》みると、漏刻台は戦いに備えたものではないか、という考え方もできます。

というのも、後年、『続日本紀』によると、

「大宰府には漏刻台があるのに、蝦夷《えぞ》にそなえた多賀城に漏刻台が無いので、早くつくらないと敵が攻めてきたときの記録などを記せない」

というような記述がみられるからです。戦時に必要なもの、として漏刻台があったとも想像できます。

みたび飛鳥へ

壬申の乱で勝利した大海人皇子は、またまた宮を飛鳥にうつし、飛鳥浄御原宮《きよみはら》で即位して天武天皇となりました。ここから本格的な中央集権体制が築かれていくわけですが、それにあわせて唐の長安を模した都づくりが進められることになります。

それが藤原京でした。

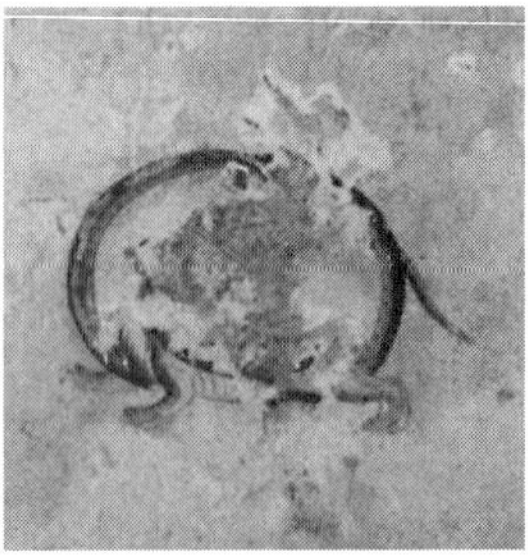

「四神」
右上「**玄武**」、中央上「**白虎**」
（ともに高松塚古墳壁画）、
左上「**朱雀**」、左「**青龍**」
（ともに朝鮮総督府『朝鮮古蹟図譜』より）

中国の皇帝には「風水師」と呼ばれる人々が仕え、都や建造物の造営にあたって国家が長く栄える土地を探し、建物を配する、ということをアドバイスしていました。

このときに重視したのが「四神相応《ししんそうおう》の山《さん》川《せん》の配置」でした。すなわち「四神」とは、

北の「玄武《げんぶ》」
西の「白虎《びゃっこ》」
南の「朱雀《すざく》」
東の「青龍《せいりゅう》」

のことで、これに対応した山川の配置がなされた土地を選ぶのが「吉」とされたわけです。長くこの四神相応は、

北に《山》

西に《街道》
南に《平地》
東に《河川》

と考えられてきましたが、現在ではこの考え方は、はるか後年に考え出された〝あとづけ〟であるとされて否定的な見解がみられるようになりました。現在では、そのような厳密な考え方ではなく、山・丘・平地・河川に囲まれていることで十分「四神相応」であったとみられています。

すなわち、都が山や丘に囲まれ、平地や河川がある状態。飛鳥の宮は、だいたいこれに該当していて、藤原京もこれにあてはまります。宮の北には《耳成山《みみなしやま》》、東に《香具山《かぐやま》》、西に《畝傍山《うねびやま》》（あわせて「大和三山《やまとさんざん》」といいます）があり、宮の南には、南東から北西にかけて飛鳥川が流れています。

こう考えると、平城京の遷都の詔《みことのり》にみられる、

「四禽《しきん》（四つの動物）図《と》に叶《かな》い、三山鎮《ちん》を作《な》す」（四禽叶図、三山作鎮）

という表現も、「北に山、西に街道、南に平地、東に河川」というものでないことは明

白です。文鎮《ぶんちん》のごとく「鎮《しず》」すなわち「重《おも》し」がわりとされた「三山」は、先ほどの大和三山ではなく、生駒《いこま》山・春日山・奈良山に該当しますが……

日本にトラはいないけど

前記のとおり、「四神」は……

玄武＝黒＝山・丘
青龍＝青＝河川
白虎＝白＝道
朱雀＝赤＝平地

を意味するので、これらが東西南北にきっちりと対応する、という意味ではなく、これらが都および周辺にそろっていたらOK、みたいなものだったのではないでしょうか。

方角に関係なく、平城京は白虎の走る（日本にトラはいないとかいわないでね）、難波津から鈴鹿関《すずかのせき》へのルート上にあるし、大和古道の北端にあります。玄武が棲《す》むことができる山々に囲まれ、青龍の泳ぐ「佐保《さほ》・秋篠《あきしの》・富雄《とみお》」の三河川が流れていて、朱雀の舞い降りる平地もあります。のちに平安京で説明される「四神相応」は、どうも、あとづけ説明のような気がしてなりません。
唐突ですが……お祝い事などに饗《きょう》されるカラフルな「ちらし寿司」や「おせち料理」。これ、「四神相応」「五行《ごぎょう》」に「叶《かな》っている」って知っていましたか？

四神相応の色は、「黒・赤・青・白」、
五行は「木・火・土・金・水」で、「青・赤・黄・白・黒」……

これらの彩《いろど》りで「ちらし寿司」や「おせち料理」、「五色豆《ごしきまめ》」はつくられています。この色がそろっていたら、めでたい……

怒られちゃうかもしれませんが、遷都の際の「四神相応」も、山・川・道・平地が「ちらし寿司」みたいに混ざっていたらそれでよし、だったのかも……

【3】奈良時代③

長屋王《ながやおう》は祟《たた》ったのか？
――聖武天皇を悩ませたもの

ものすごい血統

奈良時代の大きな政変の一つが「**長屋王《ながやおう》の変**」です。聖武天皇の御代《みよ》（治世）に起こった事件です。

聖武天皇の系統についてみておきます（壬申の乱と同じく、皇位継承が絡んでいます）。

聖武天皇（第四十五代）は父子関係でのぼっていくと、天武天皇（第四十代）にいきつきます（カッコ内の「第～代」は初代＝神武《じんむ》天皇から数えた代ですが、初代からの皇統を史実として肯定する意図ではないので、あしからず……）。

聖武天皇の父が文武天皇（第四十二代）。そして文武天皇の父は草壁皇子《くさかべのおうじ》。その草壁皇子の父が天武天皇（すなわち、天武――草壁――文武――聖武、という父子関係）。

母の系統もなかなかすごい。天武天皇の后が、天智天皇を父にもつ持統天皇（第四十一代）で、そのあいだに生まれたのが草壁皇子。草壁皇子の妻は、やはり天智天皇の娘にして持統天皇の妹の元明《げんめい》天皇（第四十三代）。

文武天皇は祖父が天武天皇で、母が元明天皇……それどころか、元明の父は天智天皇ですから、文武天皇は父も母も祖父も天皇、というすごい血統でした。

文武天皇の妻は、藤原不比等《ふひと》の娘・宮子《みやこ》。そのあいだに生まれた首皇子《おびとのおうじ》がのちの聖武天皇となるのです。そして聖武天皇の后は、同じく藤原不比等の娘の光明子（のちの光明皇后）。この二人のあいだに待望の男子が生まれたのですが、これが**基皇子**《もといのみこ》です。聖武天皇の喜びはたいへん大きく、異例中の異例ですが、生後一か月ほどで皇太子に立ててしまいました。

スペアとなりうる存在

ところが、大事件が起こります。基皇子が、一歳の誕生日を待たず病死してしまったのです……。

聖武天皇の悲しみは、たいへん深かったと思います。純粋に子を失った悲しみに加え、後継者が消えてしまうことになりました。その「後継者」は、藤原氏の娘・光明子とのあいだの子どもである、ということも重要なポイントで、聖武天皇はどうしても光明子とのあいだに生まれた子を天皇にしたい意向が強かったようです。

この点、藤原氏、とくに不比等はしたたかで、自分の娘、長娥子《ながこ》を長屋王と結婚させていました。いっぽう、不比等の息子たち四兄弟、武智麻呂《むちまろ》・房前《ふささき》・宇合《うまかい》・麻呂《まろ》らは、父不比等の死後、自身の権勢を維持する意味でも、光明子以外の夫人とのあいだにできた子を天皇に立てることには否定的でした。

さて、長屋王です。長屋王の父は、天武天皇の皇子・高市皇子《たけちのみこ》。そして母は天智天皇の娘にして元明天皇の姉（同母姉）にあたる御名部皇女《みなべのひめみこ》です。

おまけに妻（正妻）の吉備《きび》内親王は元正《げんしょう》天皇（第四十四代）の妹……

第二夫人は不比等の娘・長娥子。

彼の血統は聖武天皇にまさるとも劣らないものです。長屋王その人が聖武天皇の次ということにならなくても、元明天皇はすでに吉備内親王の生んだ子も「天皇の孫として扱う」とする詔《みことのり》を発しています。聖武天皇没後の《スペア》は十分確保されていました。

聖武天皇と光明皇后のあいだに男子が生まれなければ、**長屋王あるいはその子が「次の天皇」となる可能性は高かった**のです。

この〝状況〟を、一気に大転換する方法……これはもはや、たった一つしかありません。

聖武天皇と長屋王、藤原氏の略系図

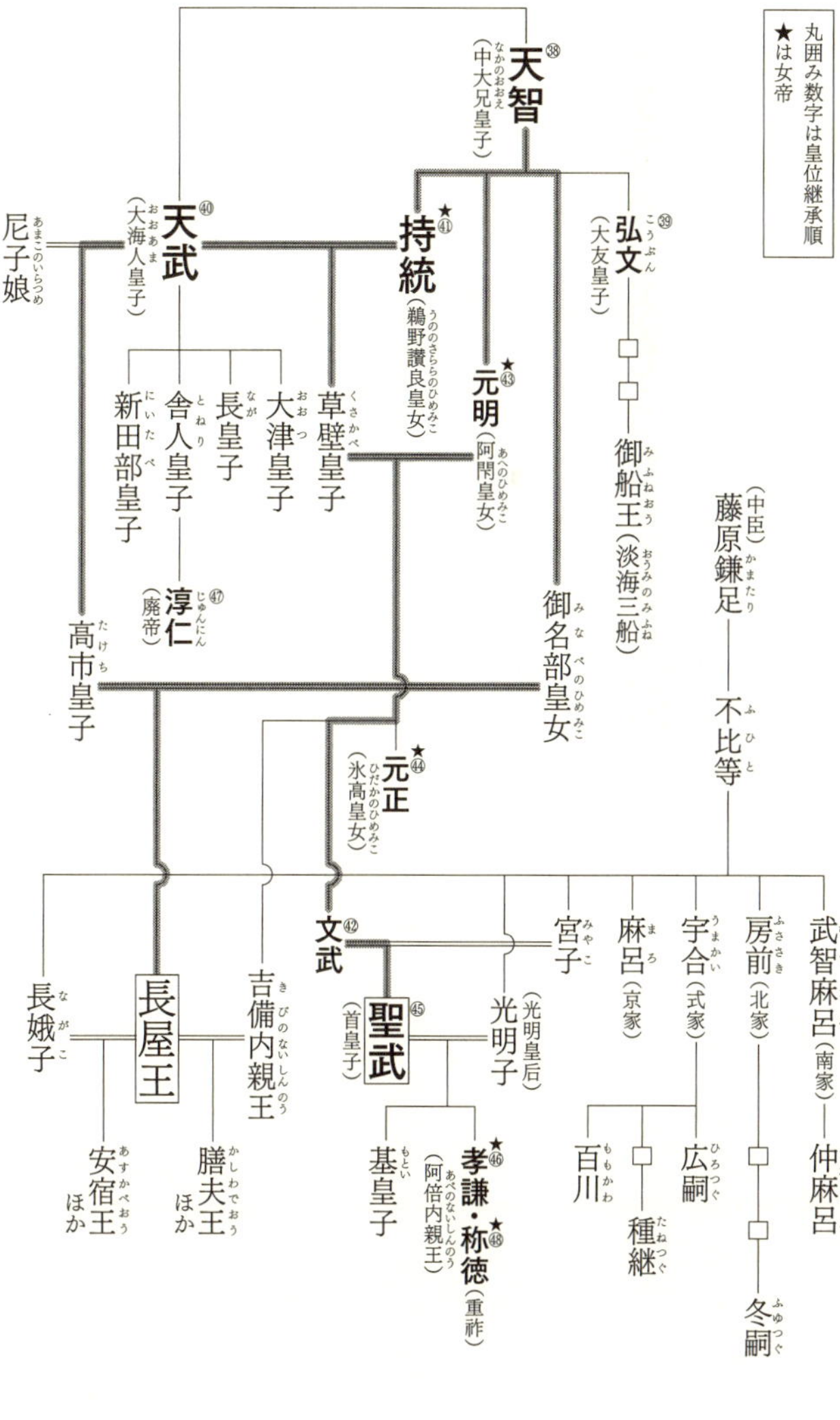

（注）「弘文」および「淳仁」は一八七〇年（明治三年）に贈られた諡号（しごう・おくりな）。とくに「弘文」天皇は実際に即位したか微妙であるため、通常は「大友皇子」と表記される。

それは、後継者としての資格を十分に持つ皇族の一人、長屋王とその子を消し去ることにほかありません。そして実にタイミングよく、中臣宮処連東人《なかとみのみやこむらじあずまひと》が、〝密告〟をもたらしました。

長屋王が、左道《さどう》を為《な》して、

聖武天皇さまの息子を呪い殺し、

そして聖武天皇さまご自身も呪い殺そうとしています！

この密告を受けたのは、当時、左右の京職《きょうしき》（現在の都知事兼警視総監）をしていた藤原麻呂でした。ただちに中納言の武智麻呂に〝報告〟します。

武智麻呂は、この事態をすぐに聖武天皇に報せたはずです。

なんと！　だから、おれの息子は死んだのか!?

と、お怒りになられたかどうかは定かではありません。しかし、ただちに藤原武智麻呂に、長屋王を取り調べよ、とお命じになられました。

式部卿《しきぶきょう》の藤原宇合は、「六衛府《ろくえふ》」すなわち《左右衛士《えじ》府、左右兵衛《ひょうえ》府、衛門《えもん》府、中衛《ちゅうえ》府《ふ》》の兵を率いて長屋王の屋敷を包囲した、ということになっています。『続日本紀』に

よると「六衛の兵を率いて」とありますが、実際に宇合が率いたのは、

《衛門佐《えもんのすけ》》の佐味虫麻呂《さみのむしまろ》
《左衛士佐《さえじのすけ》》の津島家道《つしまのいえみち》
《右衛士佐《うえじのすけ》》の紀佐比物《きのさひも》

ですから「三衛の兵」ということになりそうです。「佐《すけ》」というのは次官のことで、実際の現場指揮官が出動しています。

平城京の人々は、戦争が始まった、と思ったことでしょう。中衛府の大将は房前でしたが、その房前は、聖武天皇の護衛のため長屋王の邸宅にはむかっていません。

いったい、どういうこと?!

元正上皇は驚愕《きょうがく》されたことでしょう。そりゃそうです。お気に入りの……とはいいませんが、妹の吉備内親王の夫、長屋王が「謀反《むほん》」を起こした、といわれ、兵がその邸宅を包囲しているのです。大内裏《だいだいり》のすぐ近く、左京にある長屋王の邸宅の動静は宮中にも伝わります。いや、実際、見えるくらいの距離です。

元正上皇は、藤原房前を呼び出しています。

どういうことか、よくわかりません。すべて主上《しゅじょう》（聖武天皇）のご命令です……

としか、房前は答えませんでした。

なにかのまちがいよ！　天皇をここにお呼びなさい！

これに対し、

会わぬ。

と、聖武天皇は答えたと考えられます。

藤原房前は何度か聖武天皇と元正上皇のあいだを往復していますが、元正上皇と聖武天皇は面会していません。

はたして謀反か、陰謀か

長屋王の変は、「藤原氏の陰謀」と、よくいわれますが、これらの兵は天皇の直属軍ですから、聖武天皇直々《じきじき》の命令が出ていたはずです。天皇以外、京内の兵を動かせません。

たとえ、「陰謀の提案」を藤原氏がしたとしても、天皇の同意がなければ動くことはできず、そして天皇の同意があれば、それは「陰謀」でもなんでもありません。聖武天皇の「ご意思」なのです。

そして、包囲された邸宅に〝訊問〟に赴いたのは、中納言《ちゅうなごん》藤原武智麻呂、それに舎人《とねり》親王（舎人皇子とも）や新田部《にいたべの》親王（新田部皇子とも）らでした。なんせ長屋王は、最上席の左大臣。それを訊問するのですから、武智麻呂としては、長屋王の叔父《おじ》にして、天武天皇の息子たちである舎人親王と新田部親王の二人を連れていかざるをえなかったのでしょう（血縁では叔父ですが、長屋王の年下か、多く見積もっても同年代の叔父だったようです）。

〝左道〟を為す、というのは、一般的には「呪いをかける」という行為ですが、邸宅から呪いの術に用いたアイテム（「基」という名が記された木製の人形）も「発見」された、といわれています。ついに元正上皇は、

わたしが行きます！　案内《あない》なさい！

と、房前に宣して、立ち上がって部屋から出ようとしました。房前も驚いたことでしょう。女官たちも、元正上皇を止めたはずです。そこに、武智麻呂から使いがきました。

長屋王はご自害なされました……

長屋王の変は、なかなかに凄惨《せいさん》な幕切れ、となります。『日本霊異記《りょういき》』には、「長屋王は、妻の吉備内親王の首を絞めて殺害し、息子たちの首に縄をかけて、庭に吊《つる》した。そして自らは毒を飲んで自害した」と生々しく記されています。『続日本紀』では、「長屋王は首を吊《つ》って自殺。妻の吉備内親王は子どもたちと首を吊って殉死した」というように記されています。

事変のあとに凶事あり

さて、長屋王の変のあと、〝凶事〟が連続します。

まず、「天文」「地象」の異変。

日食はもちろん、凶星といわれた火星の動きも、占い上、よろしくない、とされました。

飢饉は続くし、地震などもよく起こりました。

そして疫病……

大宰府で始まった天然痘《てんねんとう》の流行は、その年のうちに、またたくまに都にまで到達して猛威をふるい、藤原四兄弟も次々と死去しました。

中国では、天文地象の異常、天災や疫病の流行は、為政者つまり皇帝の不徳とされていましたから、聖武天皇自身、このことにずいぶんお悩みになられていたようで、このことも仏教の功徳《くどく》にたよる、という気持ちに傾斜された一因かもしれません。

史料や記録のうえでは……

そしてこうした凶事のすべてが「長屋王の祟り」ではないか、と後年、考えられることになるのですが、実はこれを示す**当時の史料は一切無《な》い**のです。長屋王鎮魂《ちんこん》のための供養や神祀《まつり》がおこなわれた記録もありません。

長屋王の子どもの安宿王《あすかべおう》や黄文王《きぶみおう》に叙任がおこなわれていて、これが祟りを鎮める行為であった、という指摘もありますが、安宿王や黄文王は、藤原長娥子と長屋王のあいだの子です。藤原氏の血をひく皇族としての名誉回復だったのではないでしょうか。

聖武天皇は、疫病の流行などは長屋王の祟りというよりも「為政者の不徳」が災いをもたらしている、という考え方のほうを強く意識していたと思います。よって、国分寺《こくぶんじ》・国分尼寺《にじ》の建立、そして大仏造立《ぞうりゅう》の詔《みことのり》……というように、鎮護国家思想に傾斜していったと考えられます。

【3】奈良時代④

大仏はだれのため？

――聖武天皇と光明皇后が見たもの

聖武天皇と長屋王のスタンスのちがい

〝仏教〟というもののあり方にも、大きな変化がみられるようになります。実は、この部分も、長屋王と聖武天皇との〝対立〟の背景にあった、といわれていることです。

仏教は当時、《国家仏教》と《民衆仏教》の二つの流れがありました。前者のほうは、律令制度の枠組みの中の「統制された仏教」であり、後者は文字どおり庶民の中で広がっていたもので、〝知識《ちしき》〟という言葉で説明される運営方法で成り立っていた仏教です。

〝知識〟とは、

一、信仰を同じくする人々の**集《つど》い**

二、信仰を同じくする人々による**行動**

三、信仰を同じくする人々が出し合う**労力や浄財**という意味です。

寺などを、特定の貴族が資金と私財を出してつくるというのではなく、国家が税を用いて建設してつくるというものでもなく、無名の庶民たちが自分たちのできる範囲で私財を出し合い、寺院を運営する、というものです。

結果として、律令《りつりょう》の枠外、アウトローな存在であり、もちろん「僧」も「偽《にせ》の僧」、いわゆる**私度僧《しどそう》**（私得度《しとくど》僧）として、禁止、処罰の対象とされました。

アウトローな存在を弾圧するか、活用するか

貧しい農民たちが重い税から逃れる方法として、

「逃亡」あるいは「浮浪」

「偽籍《ぎせき》」（男性なのに税負担の軽い女性として戸籍登録するなど）

「私度僧」

というのがあるといった説明が教科書などでされますが、この「浮浪」や「私度僧」というのは、こういう〝知識集団〟に身を投じて生活する、という場合が多かったようです。

世界史の話と結びつけるのは無理があるのですが、無茶を承知で説明するならば、ロー

マ帝国の初期、キリスト教徒たちが、ローマの市民とは生活習慣を異《こと》にし、ローマの法に一部従わず、兵役や税などを忌避したために弾圧された、という話があります。それと似て、〝知識集団〟は、仏教という信仰を同じくする人々による共同体に近いものをつくっていたような感じで、当然、弾圧されました。

長屋王のずいぶんな描かれ方

当時、長屋王と元正天皇は、仏教を律令国家がコントロールする、という、

「国家仏教」派

であったと考えられます。したがって、長屋王政権の時代には〝知識集団〟は厳しく弾圧されました。ところが、聖武天皇や光明皇后は、どうも〝知識集団〟に同情的で、とくに光明皇后は、七三〇年に**施薬院**《せやくいん》を興福寺に設けています。

施薬院や**悲田院**《ひでんいん》の造営、というのは、奈良時代の仏教福祉事業の例としてよくあげられますが、本来の律令制度下での仏教のあり方とは異質なものです。

長屋王といえば、厚く仏教を信仰していたことでも有名で、袈裟《けさ》百着をつくらせて唐に贈ったり、唐の寺院にまで寄進したりして、極東の王国に仏教を盛んにしている王がいる、

という〝噂《うわさ》〟が広がったくらいです。とくに鑑真《がんじん》は、このことに深く興味を示し、来日を決心する〝きっかけ〟となりました。

これだけ厚く仏教を信仰していた長屋王なのに、『日本霊異記《りょういき》』に描かれている長屋王は、次のように、ずいぶんと傲慢《ごうまん》で、ひどい人物に描かれています。

「聖武天皇が、元興寺で三宝（仏・法・僧）の供養をおこなう法会を催し、その主催者に長屋王を任命した。そのとき、台所に汚いなりをした僧が侵入し、碗を差し出して施《ほどこ》しを求めたところ、長屋王が怒って、象牙の笏《しゃく》でその僧を打ち、ケガをさせた。頭から血を流しながら、その僧は長屋王をにらみつけて去っていった……」

と、こういう話が出てきます。「高位を誇って僧を打つ……」という記述もみられます。

仏教に厚い信仰を持っていた長屋王の〝逸話〟としては、ずいぶんと変な話だなぁと、なりそうですが、実はこれ、先の話を理解していると、ツジツマは合うんです。

これって実は、国家仏教の担い手であった長屋王が〝知識集団〟を弾圧していた、ということを表したともいえる象徴的な逸話なんですよね。

それもそのはず。『日本霊異記』の著者の僧、景戒《けいかい》は、若いころに私度僧をしていて、薬師寺の僧ですから、法相宗……つまり、奈良時代の〝知識集団〟の代表僧、**行基**《ぎょうぎ》の流れをくむ人なわけです。彼らにすれば、長屋王は〝弾圧者〟でした。

この時代の仏教のあり方を誤解すると、奈良時代そのものも誤解してしまうことになるんです。

衝撃的な出来事

そして七二九年、長屋王の変が起こり、政府の仏教政策も転換されました。七三〇年に施薬院がつくられるなど〝民衆仏教〟への舵取《かじと》りが始まり、その代表が光明皇后だったわけです。光明皇后に関する民衆の、つまり〝知識集団〟に伝わる〝逸話〟は、長屋王とは対照的に、

「汚いなりをした人々にも平等に接し、皮膚病に苦しむ病人の世話もした……」

という話になっています。

そして七四〇年、聖武天皇と光明皇后〝夫妻〟に衝撃的な影響を与えた出来事がありました。それは「知識寺《ちしきじ》」への訪問です。知識寺は、河内国大県《おおがた》郡にあった寺で、現在は存在しません（大阪府柏原《かしわら》市の石神社《いわじんじゃ》がその跡地となっています）。

七四〇年の二月七日、夫妻は難波宮に行幸し、十九日に平城京にもどっていますが、この十二日間に聖武天皇は、ある事態を〝目撃〟することで、いわば人生の半分を大きく変える経験をすることになりました。

知識寺は文字どおり〝知識〟によって造営された寺です。国家はもちろん、特定の有力者がその財を投じてつくったものではありません。

信仰を同じくする人たちが、わけへだてなく集い、そうして自分たちのできる範囲で労力と財を出し合って、老いも若きも、位《くらい》高きも卑《いや》しきも、男も女も、みなが「一枝《ひとえだ》の草や一握《ひとにぎ》りの土を捧げて」造営するさまに、聖武天皇は感動しました。

「これだっ！　朕《わたし》の求めていたことは、これなのだ！」

官僚機構をフルに活用して、なにか事業を為《な》すことなど簡単……

そうではなく、多くの人々の自発的な力を用いて、国家事業を興《おこ》す……

実際、聖武天皇は大仏造立《ぞうりゅう》の詔《みことのり》で、このようにおっしゃっています。

「天下の富《とみ》を持つのも、勢いを持つのも、朕《わたし》だ。この富と力をもってすれば、大仏をつくることはできる。しかし、それではだめなのだ……」

大仏づくりを領導する〝天皇〟は、律令という組織を超えた〝超・支配者〟として、万民に向き合うことになる……

大仏造営という〝壮大なチャレンジ〟

組織のトップは、実は《組織に制限された存在》です。〝知識〟によって人々を動かすならば、それはもはや、

《組織を超越した存在》

となりえる……

聖武天皇は〝知識〟方式による大仏造営を、このとき〝決心〟したのではないでしょうか。人々の心をつかみ、組織としてではなく、信仰心によって人々の力を集めて事業を完成させることができたのなら……

聖武天皇はこのような考えを持っておられたと考えてみてはどうでしょうか。

この〝壮大なチャレンジ〟が大仏造営だったのかもしれません。

【3】奈良時代⑤

神と仏の合体
——起こるべくして起こった「神仏習合」

南都六宗と南都七大寺

平城京には、じつに多くの寺院が造営されました。平城京への遷都以前から、藤原京に**薬師寺**・**大官大寺**・**法興寺**（飛鳥寺）が営まれていましたが、これらは平城京に移転され（大官大寺は「大安寺」、法興寺は「元興寺」となります）、国家の保護をうけて大いに栄えました。世に「南都七大寺」と呼ばれるのは、これらに加え、平城京遷都後に営まれた、**興福寺**・**東大寺**・**西大寺**に、斑鳩《いかるが》の**法隆寺**をあわせたものです。

これらの寺院では、仏教の教義の研究も進み、**南都六宗**（三論宗・成実宗・法相宗・倶舎宗・華厳宗・律宗）と呼ばれました。のちに宗派となりますが、この段階では学派というべきものでした。

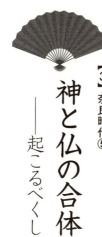

国宝 鑑真和上像（唐招提寺蔵／小川晴暘撮影）

華厳宗の**良弁**《ろうべん》は東大寺建立に活躍します。民間に布教して、各地に伝説を残すことになる**行基**も法相を学んだといわれています。

また、日本に何度も渡航しようとして失敗しながらも来日した**鑑真**は、正式な僧となるための戒律を授ける儀式（受戒《じゅかい》）を伝えました。

聖武太上《だじょう》天皇（上皇）・光明皇太后・孝謙《こうけん》天皇も東大寺の戒壇で鑑真によって受戒されています。

鑑真はのちに唐招提寺《とうしょうだいじ》を建てますが、唐招提寺にある鑑真像をみると、わたしは鑑真の言葉、

「嵐の中では、ろうそくの火は点《とも》らない」

という言葉を思い出します。

　しずかに心を落ち着け、雑念や煩悩をはらう……

鑑真の慈愛と高貴さがつたわる乾漆像だと思います。

「神仏習合」の素地

　さて、奈良時代は仏教が国家との結びつきを深めていった時代ともいえますが、庶民たちは農業などふだんの生活とのつながりから地元の信仰を続けていました。

　ムラには氏神さまがいて、
農耕の儀礼や季節の祭礼などを
ムラの人々が力を合わせておこなう……

人々の絆《きずな》の中心に、その地域の信仰がありました。

もともと、仏教が欽明《きんめい》天皇の時代に百済から公伝したときも、物部氏は「蕃神《からかみ》」と称して、となりの国の神、異国の神、と理解し、批判していました。最初に出家したのが女性であったのも、外国の神に仕える巫女、という理解が背景にあったともいわれています。

「神仏習合」が奈良時代から……とは、教科書で説明されるところですが、実際的には「神の一つ」として、しかしそれは「異国の神」として日本に入っていたわけですから、人々の理解としては**もともと「神仏習合」という考え方に違和感はなかった**のかもしれません。

ただ、奈良時代の仏教は国家の厳しい統制下にありましたから、多くの僧の活動は、

民衆から離れた場所＝寺院の中でのもの

でした。大きな寺院は壮大な伽藍を造営しましたが、これらの事業は国家財政を圧迫し、また政治と仏教が強く結びつくようになり、奈良時代末の称徳《しょうとく》天皇のときには、**道鏡《どうきょう》**のような僧が権力をふるうようになっていました（118ページ以降、とくに128ページ参照）。

これに対して庶民の側では、従来の祖先信仰と、死者のあの世での安楽を祈る**阿弥陀《あみだ》信仰**（追善供養）が結びつき、「仏と神は同一」という神仏習合思想が自然な形で浸透していきます。

また、僧の中にも権力と結びついた仏教を嫌い、修行を重視する者があらわれ、山林にこもることで自然神とのつながりを深めるようになり、やがて平安時代の山岳信仰（のちの修験道《しゅげんどう》）の源流もできていきます。

伝説の人、役小角《えんのおづぬ》

ここで語らないわけにいかない人物が、役行者《えんのぎょうじゃ》、**役小角《えんのおづぬ》**です。

修験道の祖

と敬われている存在ですが、時期的には飛鳥時代の人物です。正直、史料的には詳しいことはわからない人物です。

役行者が出てくる史料は二つで、一つは『続日本紀』、もう一つは『日本霊異記』です。前者も彼が活躍した時代から百年後のものですし、後者は仏教説話の要素が強く、伝説的な話（伝奇的な話）に傾斜しています。

修験道の祖と仰《あお》がれるようになったのは、『元亨釈書《げんこうしゃくしょ》』（臨済僧・虎関師錬《こかんしれん》の著。「元亨」は朝廷に献上されたときの年号です）という日本の仏教の歴史をまとめた書によると、鎌倉時代あたりで、当時の修行者たちが、修験道の祖として考えるようになったからのようです。

そして、寛政十一年（一七九九年）といいますから江戸時代、「神変大菩薩《しんぺんだいぼさつ》」（「じんべん」とも読むようです）

の称号を朝廷から授かることになりました。僧衣に袈裟《けさ》、長い髭《ひげ》、錫杖《しゃくじょう》を持って高下駄を履《は》き、前鬼《ぜんき》、後鬼《ごき》を率いている、というイメージはこのときまでに完成します。

渡来人が多く住む先進地の出身

七世紀に大和（奈良県）の葛城《かつらぎ》に生まれ、三十二歳のときに葛城山で修行し、孔雀明王《くじゃくみょうおう》の秘法を身につけ、大和の諸山を踏破して天川村《てんかわ》（奈良県）の弁財天や竜泉寺を開いたりしています。

大和葛城といえば、朝鮮半島からの渡来人が多く住んでいたこともあり、渡来人のすぐれた文化が広がっていた地でした。役行者が地元の人の病気をなおしたり、泉を掘ったりしたという逸話も、そういった技術や薬学の知識を身につけていたから可能だったのかもしれません。

『続日本紀』によると、「人々をまどわす」として捕らえられ、伊豆に流されたことがわかっています。これが文武天皇三年（六九九年）のことです。このあたりから**宗教が国家の統制下に置かれていく**ことも読み取れます。

役行者は修験道だけではなく、日本の**陰陽道**《おんみょうどう》にも影響を与えていました。さきほど紹介した「前鬼、後鬼を率いている」という役行者の姿ですが、これが「式神《しきがみ》」を率いる陰陽師、ということに引き継がれていきます。

「はじめに」で日本の文化は「重層的」であるといいました。いろんな段階のさまざまな要素が積み重なっていきます。奈良時代の神仏習合は、在来の神、外来の仏教、中国の神仙思想などが重なって**次の時代の宗教の型**となっていきました。

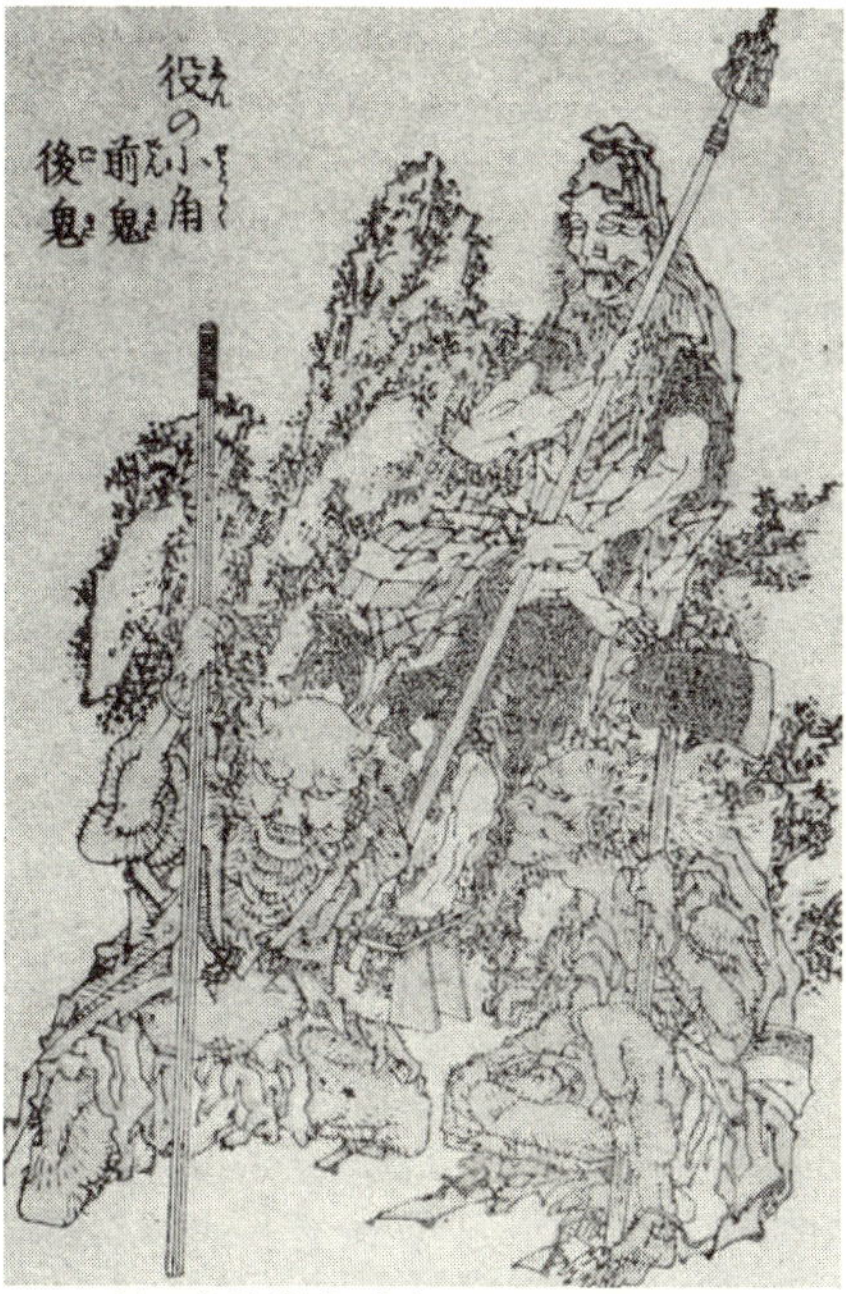

役《えん》の小角《おづぬ》 前鬼《ぜんき》 後鬼《ごき》（葛飾北斎『北斎漫画』より）
長い髭に錫杖、高下駄ばき、前後の鬼を従えている

【3】奈良時代⑥

天平の女帝がめざしたもの

――「道《どう》鏡《きょう》事件」にいたるまでの壮大な試み

異例好みの聖武天皇

天平二十一年（西暦七四九年）の一月十四日のことでした。

「朕《おれ》、出家する！」

それは突然の、聖武天皇による「出家宣言」でした（「おれ」とはいわなかったでしょうが）。というか、いずれ出家するであろうと、群臣だれもが考えていたかもしれません。

後年とくに平安時代以降は、出家とは「引退」を意味し、政治の表舞台から消える、ということと同義となりますが、この時代は必ずしもそれを意味しません。

聖武天皇は〝知識〟方式（民衆を含め多くの人々の自発的出資と労働＝前述104ページ）による

大仏造立をめざし、像の体を支える背骨にあたる芯柱を民衆に混じって綱を引いて建て、さらに金鍾寺《こんしゅじ》（のちの東大寺）に大仏をつくるにあたって多数の人夫とともに裸足になって地固めをしたくらいの人です。べつに出家を宣言したとしても、もうだれも驚かなかったことでしょう。そして、

「三宝《さんぼう》の奴《やっこ》となる」

と宣言しました。三宝とは《仏、法、僧》です。仏に仕える身となる、ということです。

この出家には、いろいろな意味があったと思います。前年に、元正上皇が亡くなっているのですが、基本的に元正上皇は、天皇のころから首皇子《おびとのおうじ》（聖武天皇）が天皇となることに、積極的に賛成してはいない感じでした。当然、異例中の異例である、女子の皇太子、阿倍内親王《あべのないしんのう》（のちの孝謙・称徳天皇）の即位についても反対だった可能性があります。おばにあたる元正上皇の没後翌年に「満を持して」出家を宣言し、娘に天皇の位を譲るというのは言いすぎかもしれませんが、まるで元正上皇が亡くなるのを待っていたかのようです。

藤原宮子の息子が、藤原不比等の娘、光明子を妻とし、

その子、しかもその娘が天皇となる……

臣下の娘が生んだ子が天皇となることでさえ異例の時代であったのに、さらにその子が臣下の娘を妻とし、そしてさらにその子、しかも娘が天皇となる……ということを元正上皇をはじめとする皇族グループが安易に認めるとは思えません。

ともあれ、阿倍内親王は天皇となりました。これが**孝謙天皇**《こうけんてんのう》です。自分が生きているうちに譲位しなければ、娘を天皇にできないかもしれない、と聖武天皇が考えていたともいえます。しかし、聖武天皇は、皇族グループに娘を「皇太子」として天皇にすることを認めさせる代わりに、その次の天皇は天武天皇の「孫」から選ぶことを約束しているんですよね。つまり、皇族グループと「取り引き」が成立していたのです。天武天皇の子のうち、

①長皇子《ながのみこ》の子……栗栖王《くるすおう》、智努王《ちぬおう》、大市王《おおちおう》
②舎人皇子《とねりのみこ》の子……大炊王《おおいおう》、御原王《みはらおう》、三島王《みしまおう》、船王《ふねのおう》、池田王《いけだおう》
③新田部皇子《にいたべのみこ》の子……道祖王《ふなどおう》

これら天武天皇の孫グループの中から道祖王を選んで、孝謙天皇の「次」、すなわち皇太子としたことは、こういう「理由」でした。

孝謙天皇の次は、皇族から天皇が選ばれるから……ま、よいよね。

という感じで、「聖武上皇・孝謙天皇」の治世が〝特殊〟な状況にすぎないのだ、という〝空気〟を、だれもが思っていたかもしれません。ところが、とんでもない！　ここから、実におどろおどろしい事件が連続するのです。当時の貴族、官人たちは「こんなこと」が永久に続くのか、と思ったかもしれません。

超・支配者たる聖武天皇の言葉

聖武天皇は、娘、阿倍内親王に対して幼いときから〝帝王教育〟を施していました。そして、「王を奴《やっこ》と成すも、奴を王と云《い》うも、汝《なんじ》の為《せ》むまにまに」という有名な言葉を娘に遺していました。


天下は朕《ちん》の子であるそなたに授けることにした。

よいか、天皇であった者を臣下とするのも、臣下を天皇とするのも、すべてそなたの意のままにしてよいのだ。

たとえそなたの後を継ぎ、天皇となった者であっても、即位後にそなたに対して無礼であり、命令に従わぬような無作法者を天皇の位に留めておく必要はない。

そなたに忠誠を尽くす者だけが天皇になることができるのだ。

まさに、天皇を超えた天皇、超・支配者たる聖武天皇の言葉であるとしかいいようがありません。そして……娘の孝謙天皇は、まさに、この言葉どおり、天皇をやめさせ、皇族の身分にない者すら天皇にしようとする、という行動をしていくことになるのです。

鑑真の上京を催促

七五二年。大仏開眼供養が盛大におこなわれました。

聖武上皇は病をおして参加し、父（聖武）・母（光明皇太后）・娘（孝謙天皇）、ロイヤルファミリー勢揃《せいぞろ》いでの式典となります。

七五四年、どの教科書にも書かれている〝できごと〟がありました。唐僧**鑑真**《がんじん》の来日です。「来日」というより、まさに〝漂着〟。五度の渡航の失敗を乗り越えた六度目の渡航で成功した苦難の旅路であったといえます。

実は、鑑真の〝来日〟は正確には七五三年で、九州からほぼ一年かけて平城京にたどり着きました。七五四年の二月一日に難波《なにわ》、三日に河内国を通過して、四日、大和国に入りました。その日は平群《へぐり》で宿泊する予定だったのに、その日のうちに平城京まで来てもらいたいという聖武上皇の催促によって、あわてて平城京に入りました。鑑真の来日を聖武上皇が待ち望んでいたことがわかります。

おそらく、聖武上皇の病がしだいに悪化していたからでしょう。かなり急いで鑑真を招こうとしています。東大寺に戒壇院《かいだんいん》が設けられ、聖武上皇・光明皇太后・孝謙天皇が東大寺に行幸《ぎょうこう》し、鑑真から戒律を授かったのは四月の三日のこと……ところが、七月十九日、聖武上皇の実の母である藤原宮子が死去しています。そして翌年の七五五年十月二十一日、全国に大赦《たいしゃ》が発せられました。理由は、聖武上皇の病がさらに悪化したためでした。大赦が出されるほどですから、おそらく「倒れた」ということかもしれません。

ちょっとした〝事件〟

さらに翌年の二月二日、ちょっとした〝事件〟が起こります。天皇時代から長く聖武上皇を支えていた政治家**橘諸兄**《たちばなのもろえ》が辞職しました。実はこの〝辞職〟も謎が多く、酒の宴席で聖武上皇に〝悪口〟を橘諸兄が述べた、ということでした。〝なにか〟を聖武上皇に諫言《かんげん》したのではないか、ともいわれています。

もともと光明皇太后から〝兄〟と慕われ、聖武上皇の信頼も厚かった橘諸兄が、いったい酒の席で上皇になにをいったのか……光明皇太后の甥、**藤原仲麻呂**《なかまろ》が聖武天皇の譲位とともに力を握るようになり、孝謙天皇を「助けて」政治を進めていた時期とちょうど重なります。光明皇太后の権威をかりて政治に口出しするような藤原仲麻呂を牽制《けんせい》するような発言をした可能性もあります。

最後の家族旅行

二月二十四日。聖武上皇は病身をおして、妻（光明皇太后）と娘（孝謙天皇）をともない、「最後の家族旅行」に出かけました。難波宮に向かい、そうして河内国の、あの知識寺《ちしきじ》を訪れ、そこに宿泊しています。大仏造立を思い出した原点の地に、死に直面して再び訪れた、というのは考えすぎでしょうか。

三月一日、聖武上皇の容体が急変、四月十七日、平城京に上皇はもどってきました。ここからいつまで意識があったのか、なかったのか……記録がなく詳細はわかりません。はっきりとしていることは五月二日、平城宮の寝殿にて聖武上皇は息を引きとった、ということです。五十五歳でした。

天武帝と功臣の孫を立太子

聖武上皇の遺言が発表され、孝謙天皇の「次」が示されました。この段階で皇太子に指名されていたのが**道祖王**《ふなど》でした。彼は、天武天皇の子、新田部親王の子。天武天皇の孫にあたります。新田部親王の母は、なんと大化の改新の功臣、中臣（藤原）鎌足の娘です。

聖武上皇の父、文武天皇は、天武天皇の孫。道祖王も、父と同じ天武天皇の孫。しかも、中臣鎌足の孫にもあたる……こういうところが、天武天皇の孫たちの中から道祖王が選ばれた理由、と考えられています。

歴史上最初の廃太子

が、しかし……この聖武上皇の遺言を覆《くつがえ》した（というか、ほかに覆せる人物はだれもいないのですが）のは、な、なんと娘の孝謙天皇でした。

「王を奴と成すも、奴を王と云うも、汝の為むまにまに」

王を奴とすることさえ自由にできる力……孝謙天皇は、聖武上皇の没後わずか一年で、道祖王が皇太子となることを廃止してしまいます。歴史上最初の廃太子となりました。

皇太子としてふさわしくない！　聖武上皇の没後、すぐに使いが地方の関所につかわされ、固く閉じられます。まるで上皇没後の〝内乱〟にそなえるように……

さらに一週間後、漢詩集『懐風藻《かいふうそう》』に名を残して漢文の名手でもあった**淡海三船《おうみのみふね》**（実は天智天皇の玄孫＝97ページ系図参照）らが朝廷を〝誹謗《ひぼう》した〟という罪で逮捕されます。上皇没後、どうも「不穏な」動きが朝廷内にあったことがわかるような事件の連続でした。

そうして皇太子が廃される……この七五七年は、道祖王の廃太子に始まり、権勢を誇る藤原仲麻呂の排斥《はいせき》をたくらんだとされた、橘諸兄の子、**橘 奈良麻呂**《たちばなのならまろ》が逮捕されます。

譲位、そして復活の重祚

七五八年、孝謙天皇は、天皇の位を、やはり天武天皇の孫（舎人親王の子）、大炊王《おおい》に譲りました。これが**淳仁天皇**《じゅんにん》です。

理由は、ホームドラマ的に説明するならば、光明皇太后が病に倒れ、その看病に専念するために位を譲った、ということになっています。その間の政治は、光明皇太后の信任厚い、藤原仲麻呂を中心にすすめられました。藤原仲麻呂は天皇より「恵美押勝《えみのおしかつ》」の名を賜《たまわ》り、大師《たいし》（太政大臣に相当する中国風の官名）の地位にまで登りつめて専制的に政治をおこないました。

しかし、孝謙上皇にとって、このことは不満でした。

あくまでも、母の看病のために天皇の位を大炊王に譲ったにすぎない（「王を奴に、奴を王にでもできる」と、父よりいわれていた孝謙上皇にしてみれば、天皇の位など意のままにできる軽いモノ）と考えていたからです。

やがて……光明皇太后は亡くなり、孝謙上皇も病に倒れます。このことは、淳仁天皇と

日本史上唯一の女性皇太子として即位された孝謙・称徳天皇（西大寺蔵）

恵美押勝（藤原仲麻呂）の勢力を拡大していくことになりました。そして、この孝謙上皇を看病して病を治したといわれるのが僧、**道鏡**であったとされています。道鏡は「政治的孤独」を感じていた孝謙上皇の絶大な信任を得ることになったのではないでしょうか。

「王を奴とするも、奴を王とするのも、わたしは自在なのだ！」

孝謙上皇は、政治の権能と賞罰を決定する権限を淳仁天皇から取り上げてしまいました（政治の大権は上皇に、小権は天皇に、と説明しています）。恵美押勝は、自分を支えてくれていた叔母の光明皇太后を失い、そして傀儡《かいらい》としていた天皇の実権も奪われたことになります。

恵美押勝は反乱を起こして失敗し、近江国にて敗死しました。いっぽう、淳仁天皇は天皇を廃され、淡路島に流されます（このため「淡路廃帝」と呼ばれます）。

こうして孝謙上皇は再び天皇となり（重祚《ちょうそ》）、**称徳天皇**《しょうとく》となりました。のちに彼女が僧の道鏡を天皇としようとしたことも、なにもおかしいことではなかったのです。

「王を奴とするも、奴を王とするのも、わたしは自在なのだ！」

絶大な「天皇大権」をもてあそんだ、とは申しませんが、だれでも天皇にできる、という力を示して見せたともいえるかもしれません。

むしろ道鏡は犠牲者？

道鏡事件をもって、仏教勢力が政治に介入した、という「解釈」も可能ですが、もし道鏡が自ら皇位を望んでいたならば、まさに「大逆」で、単なる追放（下野《しもつけ》の薬師寺に左遷）ではすまなかったはずです。

むしろ道鏡は、孝謙上皇（称徳天皇）の権力濫用《らんよう》の犠牲者だったかもしれません。のちの**藤原百川**《ももかわ》らによる道鏡の排斥と、**光仁天皇**《こうにん》（天智天皇第七皇子の施基《しき》親王の第六皇子）擁立を正当化するために、のちに創作（あるいは誇張）された事件だったのではないでしょうか。

というか、孝謙上皇（称徳天皇）は、天皇が本来持つ「政治」と「祭祀」の権限を分けて、政治の権力は上皇が握り、祭祀権を仏教に移そうとしていたのかもしれません。

よって、

祭祀者としての天皇はだれでもよい……

造寺造仏が平城京内で進み、神仏習合も進んでいました。七四三年に出された**墾田永年私財法**《こんでんえいねんしざいほう》（新しく開墾した土地は私有できるという法令）を〝改定〟して、これを寺院だけにしか認めないようにしています。

藤原氏などの貴族と対抗できる勢力として寺院勢力を伸張させようとしていた、といえるかもしれません。

奈良時代の道鏡事件は、歴史学の中でも、とりわけ解釈の難しい問題です。

聖武天皇・孝謙天皇（称徳天皇）の時代は、「なにか」新しい天皇制をつくり出そうとして未完に終わった（失敗に終わった）壮大な試みだった、と考えるのも、おもしろい見方かもしれません。

【4】平安時代

《とても平安などとはいえなかった時代》

世界史の時間に生徒から「神聖ローマ帝国は、なんで《神聖》って名前なんですか?」と質問され、これに「神聖じゃないからじゃない?」と答えた先生がいました。なるほど、この方式でいえば、「千年の都」といわれる平安京は「平安でない」都だった、となるわけです。たしかに、そこは怨霊《おんりょう》と魑魅魍魎《ちみもうりょう》がわがもの顔で跋扈《ばっこ》する、とても平安などとはいえない都でした……

平安時代は、仏教の説明では「末法《まっぽう》の世」に近づく時代でもあります。また武士が台頭し、乱世の「中世」へとつながっていく時代。そんな不安な平安時代、四〇〇年を一気に駆け抜けます。

【4】平安時代①

「平安のスーパースター」空海《くうかい》

——存在そのものが信仰の対象に

達筆は得だ

学習塾で中学受験をめざしていた生徒たちによくいった話があります。

「字がきれいな受験生は有利だ」

もちろん採点は内容の正誤で決定されるのですが、汚い字、読み取りにくい字を答案に記しては採点上不利になる可能性はかなり高いことはわかってもらえると思います。算数・数学においては、読み取れない、あるいは他の数字に採点者が見誤れば、正解も誤答になるのは当然です。

「ん?? なんて書いてあるんだ?」と採点者に思わせてしまうことは、正誤の天秤にその瞬間からかけられてしまい、「読めない」となれば×にせざるをえません。

あっちこっちに話が飛んで恐縮ですが、**小野道風**《おののとうふう》（「みちかぜ」とも）という人物をご存じでしょうか。花札の「雨」と呼ばれる札の絵に描かれている人物です。左は、その札のもとになったとされる浮世絵です。よくみると、傘《かさ》をさしている人物のまわりに柳《やなぎ》と蛙《かえる》が描かれています。この傘をさしている人物が小野道風。

彼は書があまり得意でなく、そのコンプレックスにさいなまれていました。

江戸時代の浮世絵師・鈴木春信《はるのぶ》の木版画
「あめのにじゅう」［＝雨の20点］と呼ばれる花札の札と同じ設定で、小野道風と柳と蛙を描いている

あるとき、柳の葉に飛びつこうとしている蛙が、何度もチャレンジしてとうとう柳の葉に飛びつく様をみて、自らも一念発起して書の修行をし、美しい字となった、という逸話があります。

平安貴族のあいだでは、文章の内容にまさるともおとらず評価されるのが「文字の美しさ」でした。これは当時の中国（唐）における貴族の文化・教養の影響です。中国では官《かん》吏《り》登用の難関試験である科挙《かきょ》の筆記試験で、主に四書五経の内容が問われるのですが、加えて詩作や文字の美しさまでも問われました。

日本に科挙の制度は入ってきませんでしたが、貴族のたしなみとして中国の「科挙」に合格するほどの教養を身につける、というのが倣《なら》われたのです。

最澄と同時期に唐土へ渡る

さて、**空海**《くうかい》の話です。中国に渡って修行し、**密教**《みっきょう》を日本に伝えた僧で、日本における**真言宗**《しんごんしゅう》の開祖です。空海が遣唐使船に乗り込み、唐に渡ったとき、まず彼と遣唐使一行を助けることになったのが、空海のしたためたすぐれた文章と美しい文字でした。

八〇三年（延暦二十二年）、第十八次遣唐使（数え方で「第十六次」とする説も）は四つの船で五月、難波津《なにわつ》を出航したものの外洋に出ることなく船の損壊で中止となり、翌八〇四年

弘法大師こと空海

（絹本著色弘法大師像／太山寺［愛媛県松山市］蔵）

伝教大師こと最澄

（国宝／絹本著色聖徳太子および天台高僧像／一乗寺［兵庫県加西市］蔵）

に再度出航を試みます。そして、七月には現在の長崎県五島《ごとう》から中国に向かいました。

この遣唐使一行には**天台宗**《てんだいしゅう》の開祖となる**最澄**《さいちょう》も参加していました。

しかし、一行は嵐に遭ってしまいます。空海の乗った船はコースを大きく逸《そ》れ、翌年八月、福《ふく》州《しゅう》の赤岸鎮《せきがんちん》に漂着しました。正式な遣唐使船かどうか、調査を受けることになってしまい（ようするに海賊と間違えられ）、五十日間も上陸を拒否されてしまいました。そこで、空海が福州の長官に対して嘆願書を遣唐大使に代わって記して提出しました。この書をみた福州の長官は、その内容と字の美しさに驚き、たちまち使者を派遣して上陸を許可したといいます。

また、空海は遣唐使ではありませんでしたが、長安に到着する前に入京留学嘆願書を記して提出したところ、またまたその文章のすぐれた内容と文字の美しさを高く評価されて、なんと遣唐使として認められてしまいます。司馬遼太郎は『空海の風景』（中公文庫）の中で、空海がこの時代に出現したことを「一つの奇跡」と評していますが、入唐の段階からこの「奇跡」は始まっていました。空海は、当時の密教の頂点にあった高僧・恵果《けいか》の弟子となりますが、なんと恵果は空海の才能を見抜いただけでなく、数多《あまた》ある修行僧をさしおいて密教奥義の伝授を開始してしまいます。

空海はこののち帰国してから「奇跡」を連続させますが、そのタネは密教修行時代に仕込まれていくことになったと考えられます。とくに陰陽《いんよう》五行《ごぎょう》、医術など当時の「最先端科学」を学び、インドの「天文学集成」ともいえる『宿曜経《しゅくようきょう》』を研究しました。

そして八〇六年、長安を発《た》って四月から八月まで越州《えっしゅう》（現在の紹興）に滞在するのですが、ここでも「奇跡」のタネを仕込みます。薬草の研究と土木技術を学んだのです。「密教の修法《ずほう》で人の運命を操った」「空海が杖《つえ》を立てたら泉《いずみ》が湧《わ》いた」という伝説には、現実的・合理的な理由が背景にあったといえます。

占術《せんじゅつ》にすぐれ、医薬の知識があり、治水の技術を持っている……

奈良県河合町《かわいちょう》にその名も「薬井《くすりい》」というところがあります。石の井筒《いづつ》を施した掘り抜き井戸があるのですが、この地に行脚《あんぎゃ》に来た空海が、眼病を患《わずら》っている人に出会い、ここを掘って湧いた水で眼を洗えば病は癒《い》える、と教えたことから掘られた井戸である、という言い伝えがあります。治水・医薬の知識を活用し、人々を救っていたことがわかる逸話でしょう。

桓武、平城、嵯峨……父子・兄弟の確執

さて、空海の伝えた密教は、仏教界はもちろん政界にも衝撃を与えることになりました。もともと仏教は、あたりまえですがブッダが説いた教えです。すべてのことに原因と結果があり、人の尊卑は生まれによって決まるのではなく行《おこな》いによって決まると説かれました。そして世界の万物は互いにつながりをもっているとし、偏らない中庸《ちゅうよう》の心をもって周囲の人々に慈悲《じひ》を施していく……

かんたんにいうならば、仏教徒は行いをつつしみ、困窮している者に救いの手をさしのべなければならない……

しかし、南都の仏教は「鎮護国家」の実現に力を注いでしまい、本来の仏教のあり方を離れ、個々の人々に向き合わなくなってきているのではないか……

桓武天皇《かんむ》は、南都仏教が政治に介入してきたことを嫌って、（政教分離をめざして）平城

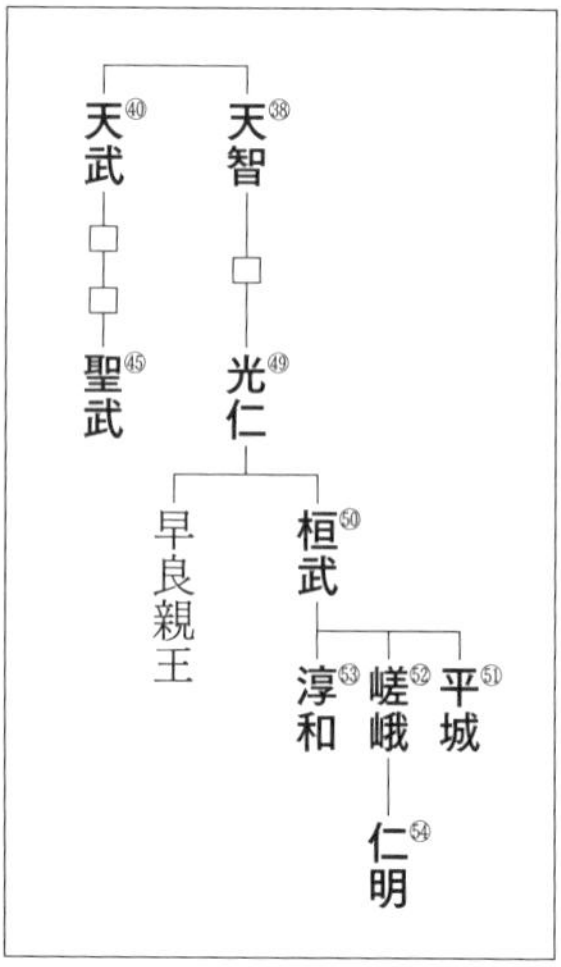

京から長岡京《ながおかきょう》への遷都をおこなったと説明されますが、実はそうではなく、純粋に、本来の仏教の姿を失った従来の（すなわち南都の）仏教を嫌ったのではないでしょうか。国家の儀式をとりおこない、学問となってしまっていた仏教を嫌ったのかもしれません。最澄を短期留学生として唐に派遣したのも、新しい（日本に伝来して以来、すっかり変わってしまった仏教ではない）仏教を学ばせるためでした。

桓武天皇の後を継いだ**平城天皇**《へいぜい》はどうだったのでしょうか。

皇太子の時代より、父・桓武天皇との関係は良好とはいえず、その原因の一つには、藤原縄主《ただぬし》の妻であった**薬子**《くすこ》との「不倫関係」があったともいわれています（後年の「薬子の変」の原因）。平城天皇は、桓武天皇の没後、父の政策をくつがえす動きをみせています（勘解由使《かげゆし》の制度を廃止して、観察使《かんさつし》の制度を実施）。

平城天皇はもともと病弱であったのですが、この原因は、桓武天皇のときに謀反《むほん》を疑われて退けられ、ハンガーストライキの末に餓死した早良《さわら》親王（桓武天皇の弟）の怨霊の祟《たた》りにある、と考え、弟の神野《かみの》親王（「賀美野」とも）に皇位を譲り（嵯峨《さが》天皇）、自らは上皇となりました。そして、なんと「平城」上皇は（その名のとおり）旧都の「平城」京に移り住んでいるんですね（いわゆる二所朝廷と呼ばれる事態になります）。

やはり平城上皇は、前時代への郷愁《きょうしゅう》があったのでしょう。そして宗教も、新しいスタイルの密教よりも、南都仏教のほうに親しみを感じていたのかもしれません。

やがて、ほかの貴族たちを平城京にうつして政権を掌握しよう、と考えるようになりました。これについては奈良時代、孝謙上皇が「大権は天皇よりも上皇にある」としておこなっていた政治スタイルを模していた可能性も考えられます。

こうした動きの背後にあったのが、藤原薬子とその兄の**藤原仲成**《なかなり》であった、といわれています。

これに対して、**嵯峨天皇**と側近の**藤原冬嗣**《ふゆつぐ》は迅速に対応し、坂上田村麻呂《さかのうえのたむらまろ》らの軍事力を掌握し、平城上皇のクーデターを阻止することに成功しました（薬子の変。平城上皇の変とも）。あるいは、クーデターを阻止したのではなく、嵯峨天皇がクーデターを起こしたというべきか……このとき嵯峨天皇の側に立ち、国家の安泰と嵯峨天皇側の勝利を祈祷《きとう》したのが空海でした。

もともと、空海の詩作や書、思想などの教養の深さに理解を示していた嵯峨天皇は、このとき以来、空海に絶大な信頼をよせるようになりました。

虚実・聖俗おりまぜて膨らむ伝説

嵯峨天皇は、再び平城上皇の政策の否定、桓武天皇の政治への回帰をおこないました。観察使は廃止され、勘解由使が復活し、南都の仏教ではなく最澄・空海のもたらした新しい仏教を支援します。

こうして空海は、天皇家や藤原冬嗣の家系（藤原北家《ほっけ》）との結びつきを強め、藤原北家は、いわば密教の修法によって家の繁栄を図るようになりました（空海の力によってその権力が維持されているとみられるようになりました）。

こうなると、空海の「伝説」は虚実・聖俗おりまぜてさらに大きく膨れあがっていくことになります。一般民衆のあいだに、**聖徳太子伝説**に加えて**空海伝説**が新たに生まれることになりました。

空海の信仰は、真言宗の信者の枠をこえて広く民衆に浸透していくことになります。新しい都にうつり、混乱した政局がおさまって、新しい政治が始まっていく……

新しい時代の新しい仏教は、都の人々の求めるところに重なり合ったことでしょう。

鎌倉時代には、聖徳太子と同じように、空海その人を本尊とする寺院（川崎大師＝平間寺《へいけんじ》など）も建てられていくことになります。

さて、空海は承和二年三月二十一日に没しました。西暦では八三五年……いや、もとい、「弘法《こうぼう》大師さま」はお亡くなりになっていません。高野山金剛峯寺《こうやさんこんごうぶじ》の奥院にご入定《にゅうじょう》されて現在もおわします。

実際、金剛峯寺では維那《ゆいな》（弘法大師に仕える僧）と呼ばれる僧が今でも、衣服や食事を霊《れい》廟《びょう》に運んでいます。霊廟の様子は、もちろん維那をつとめた僧たちはわかっているのでしょうが、いっさい他言されません。

実話かどうか不明ですが、『今昔《こんじゃく》物語』には、霊廟を開いた僧が空海の様子と霊廟を描写している部分があります。この僧が東寺の長者・観賢《かんけん》で、九二一年に醍醐《だいご》天皇に奏上《そうじょう》し、天皇から空海に対して「弘法大師」の号が諡《おくりな》されました。

入定後、九十年近くたって「弘法大師」と呼ばれるようになったんですね。

聖徳太子とも結びつく空海

天台宗の最澄や鎌倉新仏教の僧たちは、たんに「人」としての開祖ですが、弘法大師は開祖であると同時に「弘法大師さま」という存在そのものが、もはや「信仰の対象」となっていて、前述したように、さまざまな伝説が残されている希有《けう》な存在となりました。

聖徳太子とよく似ている、といえば、聖徳太子と空海を結びつけた伝説がたくさん残っています。河内国に叡福寺《えいふくじ》（大阪府南河内郡太子町）というお寺があります。空海が帰国後、ここに百日参籠《さんろう》した、という話があるのですが、九十六日目、聖徳太子が空海の前にあらわれた、といいます。

「わたしは、救世観音《ぐぜかんのん》が衆生を救うために、この穢《けが》れた世界に姿をかえて、あらわれたものである。母は阿弥陀如来《あみだにょらい》の垂迹《すいじゃく》で、わたしの妻は勢至菩薩《せいしぼさつ》の垂迹……救世観音、阿弥陀如来、勢至菩薩の三尊そろって衆生を教え導くのである」

叡福寺は「三骨一廟《さんこついちびょう》」といって聖徳太子と、その母、妻が葬られている、といわれています。叡福寺の縁起が、いわば三尊と空海によって語られています。

「**垂迹**」とは、《仏が衆生を救う目的で、神や人の姿でこの世に現れる》という考え方です。のちほど詳しくお話ししますが、この考え方は平安時代中期に成立したものなのです。

空海がこの説の補強に利用された、とはいいませんが、空海は渡海前に宇佐《うさ》八幡宮に航海の無事を祈願していますし、**空海の時代には「神仏習合」が宗教者の中では一つの空気になっていたのではないか**、ということが推測できます。

【4】平安時代②

神は実は仏だった

——地上の神は、天上の仏

人間ぽい神さまと菩薩さま

現代人は「神」というと、キリスト教の《God《ゴッド》》やイスラーム教の神《Allāh《アッラー》》すなわち**絶対的な神**をイメージできるようになっていますが、もともと日本の神話に出てくる「神々」って、ほとんど「人間」的ですよね？

スサノオノミコトの逸話も、オオクニヌシノミコトの逸話にしても、ときに失敗、ときに非常識……

喜怒哀楽に満ちた、さまざまな体験、経験をなさっています。

その点は、多神教の共通点か、ギリシア・ローマの神々にも通じるところがあります。

主神はおられても「**無謬《むびゅう》絶対の神**」**ではない。**

いっぽう、「仏」は「人」が悟ったもの。

悟りへの道程には発展段階があり、その途中に「菩薩」さまが存在する……

「菩薩行」とは、人の苦しみを自分の苦しみと思い、世の中のためになりたいと願って修行し、世の中のためになることを実行していくもの……と説明されます。

自分だけでなく、世の中すべてがよくなる努力……

ようするに、「汝の、一見自分をよくするようにする行為が、同時に世のため人のためになるように行為せよ」ということです（聖書に出てきそうな文言ですが、残念でした。わたしが生徒に授業でよく授けるオコトバでした）。

お医者さまやら、弁護士さんやら、自分の仕事を一生懸命やって儲ければ儲けるほど、同時に世の中のため人のためになっている……（こういわれると、みんな気持ちよく働くようになります）。

日本古来の神さまたちは、人間的で、「平凡と偉大のあいだ」の存在……

そして菩薩もまた、悟りを開くまでの「修行中」の存在……

いっぽうは「あいだ」で、もういっぽうは「とちゅう」で、なんとなく重なり合うところが多いと思いませんか？

神仏関係の変化

そもそも「仏教の伝来」のとき、「仏」は**「神の一つ」として伝来した**、という話をいたしました。飛鳥時代には、「仏は神さまの一つ」のようなイメージで、実際、物部氏や中臣氏は「仏」を「蕃神《からかみ》」と表現していました(『日本書紀』)。

聖徳太子は、仏を守護する四天王に戦勝を祈願しました。「仏は神の一つ」から「神は仏を守護するもの」というように、神仏の関係が微妙に変化していきます。

大化の改新、壬申の乱をへて、中央集権国家の建設が進む過程で、鎮護国家思想が生まれると、天皇が「仏」を拝むようになりました。聖武天皇は大仏を造立し、光明皇后は施薬院、悲田院をつくって「菩薩行」を実践していく……

まとめると、

「仏は神の一つ」→「神は仏を守護する」→「天皇が仏を拝む」

という流れ。

「神の一つ」「おおぜいの中のワン・オブ・ゼム」だった仏が、多くの神に「守られる存在」になり、しまいには天皇からも「拝まれる存在」になったわけです。

ここからさらに、天上が「聖」、地上が「俗」という、天と地、聖と俗という一種の棲《す》み分けのようなものが生まれます。すなわち、

「天皇＝神」が**地上の俗権力**を握るならば、**天上**は「仏」の世界……

これはいってみれば、はじめのころ《水平的》で《フラット》な神仏関係だったものが《垂直的》な《上下》の関係にゆるやかに変わっていった、ということです。

すなわち、当初の「神仏習合」から、やがて、

「地上の神は、天上の仏がお姿を変えて、俗世界のわたしたちを救うために現れたのではないか」

という考え方に進むようになりました。これが「**本地垂迹説**《ほんじすいじゃく》」です。

「仏は神の一つ」で、「神は仏の守護者」であり、「神は仏の現世のお姿」である……

いろいろな神さまは、いろいろな仏さま（本地仏）が、権《かり》（＝仮《か》り）に姿を変えて現れた「**権現**《ごんげん》」である……

というわけで、飛鳥時代から奈良時代をへて平安時代にかけて、このような神仏関係に推移していきました。

現世利益実現のための思想形態

そして、これに天台宗・真言宗などの「密教」が重なり合っていきます。

仏を念じて修行をするものですから、**聖なる仏の力を俗なる現世に引き出す**という考え方になりやすいわけです。

天照大神《あまてらすおおみかみ》が《大日如来》の化身である、というのが有名ですが、そのほかにも、たとえば修験道との関係が深い**蔵王《ざおう》権現**は《釈迦如来・千手観音・弥勒菩薩》の三尊の合体。なんとも欲張りな習合です。

あるいは、平安末期に上皇や貴族たちの信仰を集めた**熊野《くまの》権現**は、

本宮……《阿弥陀如来》

新宮……《薬師如来》

那智《なち》……《観音菩薩》

というように、三つのお社《やしろ》にそれぞれの本地仏が配されるようになっていきました。

神は実は仏だった……というアイデアは、現世利益を実現するための最もよい思想形態だったのかもしれません。

【4】平安時代③

怨霊《おんりょう》と魑魅魍魎《ちみもうりょう》の平安京
——妖怪は山から町に降りてくる

碁盤の目の町・京都

京都は、**条坊制**《じょうぼうせい》といって、東西・南北、碁盤の目のごとく、道が交差するようにつくられています。これは藤原京・平城京などもそうでした。東西を「条」、南北を「坊」といいます。よって、現在でも東西の道は「条」という名が残っています。

京都の東西の道をおぼえる歌があり、祖父母をはじめ、親戚はみな京都出身・在住でしたので、わたしもこの歌をおぼえています。

まる、たけ、えびす、に、おし、おいけ、あね、さん、ろっかく、

たこ、にしき、し、あや、ぶっ、たか、まつ、まん、ごじょう……

丸《まる》**太**《た》**町**《まち》**・竹**《たけ》**屋**《や》**町**《まち》**・夷**《えびす》**川**《がわ》**・二**《に》**条**《じょう》**・押**《おし》**小**《こう》**路**《じ》**・御**《お》**池**《いけ》**・姉**《あね》**小**《こう》**路**《じ》**・三**《さん》**条**《じょう》**・六**《ろっ》**角**《かく》**・**
蛸《たこ》**薬**《やく》**師**《し》**・錦**《にしき》**小**《こう》**路**《じ》**・四**《し》**条**《じょう》**・綾**《あや》**小**《こう》**路**《じ》**・仏**《ぶっ》**光**《こう》**寺**《じ》**・高**《たか》**辻**《つじ》**・松**《まつ》**原**《ばら》**・万**《まん》**寿**《じゅ》**寺**《じ》**・五**《ご》**条**《じょう》**……**

これだけではないのですが、これに南北の道が交差し、その部分を「座標」として京内の住所を示すことができます。たとえば、南北の道に「烏丸《からすま》通り」という道があります。そして、東西の「四条通り」が交差する場所が「四条烏丸」というわけです。同様に、東西の「六角通り」と南北の「室町《むろまち》通り」が交差する場所を「六角室町」といいます。で、そこから「西入ル」「東入ル」「上ル」「下ル」を付加して住所を示す、みたいな感じとなります。ちなみに「上ル」「下ル」は、本来は「御所」に向かって、というものでしたが、現在は南北を意味しています。

さて、日本は古代から「ダジャレ」の文化がありました。
病院などでは「4」「9」という数字を避ける場合があります。
「4」は「死」という音とかぶる。
「9」は「苦」という音とかぶる。
よって、この数字は使わない。
あるいは、その番号は避ける……

駐車場などでも「4番」には車を入れる人が少ないそうで、野球選手の背番号「4」でも、「4」の音が「死」に通じる、ということを気にしない外国人選手に使用される、みたいな慣習もありました。

梅田は「埋め田」、桃ヶ池は「股ヶ池」

このほか、雅《みやび》な言葉に変更する、ということもします。

大阪に「梅田《うめだ》」という地名があります。もともと河川の湿地を埋め立てて水田とした場所で、よって「埋田《うめだ》」でした。しかし、宅地化・商業地化が進み、「埋田」という字面がどうもふさわしくない……

よって同じ音の「うめ」を花の「梅」に変更する、というものです。

同じく大阪南部のJR阪和線に南田辺《みなみたなべ》という駅があり、その近くに「桃ヶ池《ももがいけ》」という池があります。もともと古地図には「股《もも》ヶ池」と記されていました。この池の由来はなかなかに古く、飛鳥時代に遡《さかのぼ》れます。

この池には、大蛇が棲んでいて村人を苦しめていました。そこで四天王寺におられた聖徳太子さまにお願いにあがり、大蛇を退治していただきたい、となります。そこで聖徳太子は、家来の勇者に剣を授け、これで退治してこい、となりました。

その勇者が池まで行き、「太股」まで入って大蛇を倒しました。よって、「股ヶ池」という名前になりましたとさ、という伝説があるんです。しかし、宅地化が進み、

「股」はふさわしくない……

ということで、同じ音の（花の）「もも」をあてて「桃」の字に変更しました。

《あの世》と《この世》の境界

さてさて、京都の「錦小路」です。ここはもともと「甲冑《かっちゅう》」などを仕立てる店が多かったというので「具足《ぐそく》小路」という名前だったといいます。それならそれでよかったのですが、ヘンテコな「伝説」が生まれてしまいました。

「百鬼夜行《ひゃっきやぎょう》」

つまり妖怪、物の怪《もののけ》どもが行列をなし、この道を通過したときに大量の「糞《くそ》」を垂《た》れて行った、よって「具足小路」の「具足」の音と「くそ」がかぶって、「糞《くそ》小路」と呼ばれてしまう、という事態が発生してしまいました。

百鬼夜行図（伝・土佐光信 筆／真珠庵［京都］蔵）

「雅な音」とはまったく逆の現象です。

はぁ？　ふざけるな！　となって、四条通りの一本南にある「綾小路」と対比して「錦」にしよう！　ということで、現在の「錦小路」になった、というお話があります。かくして「綾」と「錦」という美しいセットが生まれたわけですね。

問題は、「百鬼夜行」です。

町中を、妖怪・物の怪が行列をなして通過する、なんていうお話が生まれてしまうのが平安京。

八世紀に定められた「養老律令《ようろうりつりょう》」に以下の規定があります。

「死者は都から離れた場所に埋葬せよ」

いわゆる「**喪葬令《そうりょう》**」という規定の一つです。よって、平安時代まで、平安京の中にお墓がつくられなかったのです。

「都心部」から離れた場所に葬送地が設けられます。洛東《らくとう》（都の東）では鳥野辺《とりのべ》、洛西《らくさい》（都の西）では化野《あだしの》などがその例となりました。

子どものとき、死んだ人は「お山」に行く、ということをいわれた記憶があります。「オヤマ」はあの世と同じ響きがありました。

「祖先の霊はヤマに住み、平地の人々を見守るカミサマになる」

という考えです。民間に広がる神仏習合の考え方ですね。

かくして、平安京の埋葬地は、町の周辺から周囲の山にかけての「中間地」となります。

《「この世」と「あの世」の境界》

が埋葬地です。平安京の造営以後、多くの人々が集まりますが、貧しい階層の人々は、家族が死んだ場合は、いわば埋葬しない埋葬法、「野ざらし」つまりは「風葬」です。

この山と平地の中間地帯、あの世とこの世の境界面は、白骨死体がさらされている場所でもあり、洛外であるがゆえに、夜は闇の世界となりました。

山から町に降りてくる……

妖怪、物の怪は東西の道を通過しやすい、というわけです。
鴨川《かもがわ》より東、東山《ひがしやま》の麓が鳥野辺。

あたかも鴨川が三途《さんず》の川。その向こう側の斜面は魑魅魍魎《ちみもうりょう》の世界……
と想像をたくましくした庶民も多かったことでしょう。

その東山の麓にある**六道珍皇寺**《りくどうちんのうじ》は、野ざらしにされた死者の供養には絶好のロケーション。この寺には閻魔《えんま》さまが祀《まつ》られていますが、この寺の建立者、**小野篁**《おののたかむら》（133ページで紹介した小野道風の祖父）の像もあります。

この人物、武芸にすぐれていただけでなく学識にもすぐれ、なかなか剛胆な人物だったようです。なんせ、お寺の井戸から地獄に行ったあげく（その地獄につながる伝説の井戸が境内にあります）、閻魔さまにもその才を認められ、地獄の副総理みたいな存在になっちゃった……という伝説まであります。

また、六道珍皇寺の北、同じく鳥野辺の近くには**祇園社**（祇園祭で有名な八坂神社の前身）もあります。十世紀には比叡山との関連を深めた神仏習合の神社ですが、この神職のうち「犬神人《いぬじにん》」と呼ばれる人々は、野ざらしとなっていた死体を土葬にしています。

物の怪は人のしわざ

都の貴族は、魑魅魍魎、妖怪、物の怪、そして死者の祟りをおそれました。貴族たちは、それらの供養を支援することにより、祟り、災いから逃れようとしたのです。

洛西の化野は小倉山《おぐらやま》の裾野《すその》。もともと空海が野ざらしの人々を供養するために寺院を建てていたのですが、すっかり廃《すた》れてしまいました。それを再建したのが**法然《ほうねん》**。そしてその寺が**化野念仏寺《あだしのねんぶつじ》**なんです。

庶民の霊魂を供養すれば、それもまた善行。自身の極楽往生に通じる、と考えました。

このようにして平安京内の神社、寺院は、貴族のスポンサーによって建てられていきましたとさ……と、そういうものも多いのです。

「祟りがありますぞ！」

「物の怪、妖怪のしわざです！」

案外、貴族をビビらせて〝支援〟を引き出すために、魑魅魍魎のお話がたくさん生み出されていったのかもしれません。

【4】平安時代④

二重冤罪《えんざい》の可能性大!!

――菅原道真ミステリーの舞台裏

復讐の事前予告をする律儀な怨霊

『北野天神縁起』によると、菅原道真の〝怨霊宣言〟は以下の経緯です。

菅原道真が亡くなり、しばらくした夏の夜。

比叡山の僧・尊意《そんい》の前に、死んだはずの菅原道真が現れます。

尊意は菅原道真の生前、仏教を道真に教えていた人物でした。

「師よ。恨みを晴らすべく、これから都にたびたび現れます。しかし師は法力のお強い方。わたしが都にあらわれても、どうか恨みを晴らすまでは邪魔をしないでくださいませ」

道真の「復讐宣言」といえるでしょう。

以下、おそるべき菅原道真の祟りが始まりました。

九〇六年　藤原定国《さだくに》……病による急死（大納言・享年四十一）
九〇八年　藤原菅根《すがね》……落雷に打たれて死亡（参議・享年五十三）
九〇九年　藤原時平……病死（左大臣・享年三十九）
九一三年　源　光《みなもとのひかる》……事故死（沼に落ちて死亡。右大臣・享年六十九）
九二三年　保明親王《やすあきら》……病死（醍醐天皇の第二皇子・享年二十一）
九二五年　慶頼王《よしより》……病死（保明親王の子。享年五）
九三〇年　「清涼殿」落雷事件
　　同年　醍醐天皇……病により崩御（宝算［＝享年］四十一）
九三六年　藤原保忠《やすただ》……病死（時平の長男。左大臣・享年四十一）

これらは、みな、「菅原道真の祟りで死んだ」ことになっています。

あとづけで祟り認定？

ところで、菅原道真が、大宰府に左遷された事件は、当時の年号をとって「**昌泰**《しょうたい》**の変**」といいます（ちなみに、昔は「点なし」の大宰府、今は「点あり」の太宰府。作家の太宰治も点ありですよ、受験生のみなさんへ）。この事件の概要ですが、道真が醍醐天皇を排除し、自分の娘婿である斉世《ときよ》親王（醍醐天皇の弟）を天皇にしようとしている、とされて、政権の中心から退けられた、というものです。

その「首謀者」が藤原時平で、そのとき、それに同調した源光や「陰謀」に協力した貴族が、藤原定国や藤原菅根です。保明親王は醍醐天皇の皇子で、慶頼王は孫。そして藤原保忠は時平の子です。

でも……次々に死んだって伝えられて菅原道真さんの祟りっていわれていますけど、道真さんがお亡くなりになったのは、九〇三年の二月です。

先ほどの年表をよく見ていただきたいのですが、三年後、五年後、六年後、十年後、二十年後、二十二年後、二十七年後、三十三年後……このあいだに、いっぱい変死や急死した人、きっといますよね。その中から菅原道真さんに関係ある人だけ選び出して記録に残しただけだと思うんですよ……

これ、ほんまに〝祟り〟っていっていいのかどうか……

そもそも、はっきりと菅原道真の怨霊を〝目撃〟した話は、菅原道真の復讐宣言以外では一つしかありません。

藤原時平が病に伏しているとき、時平の耳から菅原道真が青龍に化けて出てきて、

「左遷の恨みを晴らしてやるのだっ！　祈祷など無用！」

と叫んだ、というところだけです。

そうか、だから昨年の雷で死んだ藤原菅根も、道真の祟りか！

そういや、藤原定国も急死したよな？　道真の祟りだ！

定国と菅根の死は完全に「あとづけ」されます。

ビビらせ屋さんがいた？

菅原道真さんは怨霊に「仕立てられた」ような気がしてなりません。

唯一といっていい藤原時平の病床にあらわれた〝怨霊〟は、時平の病平癒を祈祷していた僧・浄蔵《じょうぞう》が目撃しているのですが、この浄蔵は比叡山の僧で、ときの天台座主は、菅原道真の復讐宣言を聞いた僧の尊意なのです。

そして、浄蔵は実は、都の貴族、三善清行《みよしきよつら》の息子。そして、この三善清行こそ、菅原道真の学問上のライバルでもありましたが、二人は大親友でもありました。

三善氏や菅原氏は、大貴族の藤原氏や源氏と対抗していた貴族……

しかし、力のある藤原氏には表だっては逆らえない……


尊意・浄蔵らは当時、怨霊退治に、ものすごい法力《ほうりき》があったと評判の二人。

この二人が「菅原道真の祟りだ」と宣言すれば、だれもそれを疑いません。

そして、この二人は、実は反藤原氏系の貴族の出身あるいは関係者……

ひょっとしたら、昌泰の変に関係する人物が変死や病死するたびに、

「菅原道真さんの祟りですよ！」


と藤原氏をビビらせ続けていたのではないでしょうか？

それが証拠に、とは申しませんが、尊意が死に、浄蔵が都での活動をやめたとたん、菅原道真の祟り事件はパタッと無くなりました。

菅原道真は大宰府で、「国家の安泰と平和」を祈り続け、「反省」をしてずっと身を慎んで清らかな生活をなさっており、藤原氏に対する恨み言《うらごと》など、一級史料には一つも残しておられないのです。菅原道真が恨みをのんで死んだ、そうして怨霊になって藤原氏に祟っている、という話こそ、とんだ〝冤罪《えんざい》〟だったのではないでしょうか。

呪《のろ》いは「お行儀」の始まり？

――くしゃみをするときは手を口に……

平安の祈りを伝う呪詛アイテム

現代の日本では「罪刑法定主義《ざいけいほうていしゅぎ》」。刑法に記されていない罪は罰せられません。

よって、現在では「呪詛《じゅそ》」すなわち、呪いによってだれかを害しても罪に問うことはできないわけです。

ところが、罪刑法廷主義なんていうコトバさえなかった平安時代であっても、「左道を為《な》す」のは禁止されており、死刑に相当する重い罪とされていました。前にお話しした長屋王も、「呪詛」を為したために罪を得たわけです。

平安時代は、けっこう呪詛するさまざまなアイテムが発見されています。

もちろん、これらの中には、後年、平安時代の呪いの道具のように見せかけてつくられた〝まがい物〟もあるんですが……。

けっこう笑える〝験《げん》かつぎ〟的な呪い

平安貴族たちは、日々、呪いや祟りをおそれて、それを回避するさまざまな儀式をしていました。

「呪い」には、かなり簡潔な、そして現在からいえば思わず笑ってしまうようなものもあります。たとえば、足の裏に憎《に》っくき相手の名前を書いて、日々、踏みつけておく、というようなもの。

でもこれ、わりと多くの人がやっていたようです。平安時代どころか幕末でも、長州藩士が足の裏に「薩・会」（薩摩藩と会津藩のこと）と書いて日々「呪詛していた」という逸話も残っています。

それから、相手の似顔絵を描く、というのも呪詛の方法でした。そっくりに顔を描くというのは、そこに相手の魂を写すという術で、似顔絵を描くことはたいへん無礼な仕業《しわざ》になっちゃいました。

平安時代の大和絵に描かれる貴族たちの顔は、みんな同じ顔をしていますよね（左ページ参照）。下《しも》ぶくれで、目が小さくて、おちょぼ口が美人だった、というわけではありま

『源氏物語絵巻』より「東屋《あずまや》 一」（伝・藤原隆能 筆）

せん。そういう顔を「平安美人」なんてよくいいますが、当時の美人の顔はそんな顔では断じてありませんでした。

みんな匿名希望

さてさて……「占い」と「まじない」。日本人は、けっこう好きですよね。もう縄文時代からの日本人の習慣かもしれません。

当時、貴族たちにとっては、自分の生年月日や名前は隠しておくべき「個人情報」でした。これらをうっかりだれかに知られると「呪《しゅ》」をかけられかねない危険性がありました。

「あなたのお名前はなんですか？」

なんて質問はこの時代はタブー。

現在では、少年少女たちが、お互いにプロフィールを交換する紙かなんかに、自分の名前や生年月日など記して友人に渡したりしますが、あんなの平安時代でやっちゃったら自分の命を渡してしまうようなものでした。

スタンダードな呪詛としては、呪いをかけたい相手の髪の毛を手に入れる、という方法がよく知られているようですが、ほかにも身に着けているもの、とくに穢《けが》れがついたものは有効でしたので、下着や履物などは呪いをかけるときにはよく利用されるモノでした。

どんなふうにするかは記しませんよ。ほんとにやっちゃう人がいるかもしれませんから、お教えしません。

呪詛というのは、自分の寿命や、自分の大切なモノや、自分の幸運と引き換えにするものです。うっかり他人を呪うと自分に必ずかえってきますからね。

《下駄《げた》隠《かく》し》

という「呪」があります。相手の履物《はきもの》を隠す、というものです。これも実は立派な呪詛。よい子のみなさんは、そんなことはしないと思いますけれど、よく友達の靴なんかをいじわるして隠してしまう、なんてことする人、いますよね。

あれ、絶対やってはいけませんよ。呪詛は基本的に自分の命との引き換えです。そして「まじない」というのは、呪詛から逃れる方法でもあります。

儀礼は礼儀

昔は、「しゃっくり」や「くしゃみ」なんかも、

呪いだ、不吉だ

とよく騒がれました。「くしゃみ」をすると、魂がポンと口から出てしまう、なんて思われていたんですよ。そこで、飛び出た魂をもどす「呪文」が必要です。それが、

《休息万命》

「くそく まんみょう」と読みます。こう唱えるわけです。この省略形が「くさめ」。ここから転じて「くしゃみ」となった、という説があります。

「ハックション」

も、「ハッ」がくしゃみそのものの音で、それと「クション」が「くさめ」という呪文の訛《なま》ったものと考える場合もあります。中世の文学の中でも、だれかがくしゃみをしたときに、周囲の人が「くさめ、くさめ」と唱えている場面が出てきます。

でも、おもしろいですよね。

「くしゃみをするときは、手で口をおさえなさい。失礼でしょ！」と、マナーを説いてもなかなか子どもはいうことをききません。でも、

「くしゃみをするときは、手で口をおさえなさい。**魂が抜けてしまうよ**」

といえば、きっと昔の子どもはビビッていうことをきいたことでしょうね。

《呪い》や《まじない》と、

《儀礼》や《礼儀》とは案外とつながっているかもしれません。

呪いをおそれる、

まじないをする……

それによって秩序、とはいいませんが、マナーや礼儀が整えられる、という副産物があったようにも思えます。

【5】鎌倉時代

《現代人が最も振り返るべき時代？》

科学や合理主義の制約を受けている現代人は、かえって《精神の自由》を損なっている、ともいえます。ものごとをすべて「疑う」ことから始まるのが科学や合理であるがゆえに、現代人は「信じる」気持ちを失ってしまっているのかもしれません。それに比べ、中世鎌倉時代の人々の信仰の、なんと自由なことか。神と仏が習合し、仏が神となりてこの世にあらわれ……また神が仏となりてこの世にあらわれる……此岸《しがん》と彼岸《ひがん》（この世とあの世）の世界観は多彩かつ自由で、多くの神仏と信仰のありさまは、まさに百花繚乱《ひゃっかりょうらん》。中世人の信仰生活を振り返ることは、現代人が忘れたものを思い出すヒントになるのかもしれません。

【5】鎌倉時代①

源氏にあって平氏にないもの

――信仰からみる、源平の政権交代

「リアリスト」としての武士

《武士》というと、なにかにつけて質実剛健、写実的、合理的……そういうイメージで語られてきました。

もちろん、武士たちは命を懸《か》けて戦う存在。

たとえば、山の向こうの偵察を命じられて、

「敵がいました！」

と帰って回答すれば、怒られちゃいます。敵がいる、だけでは戦争にはならないではないか……何人いるんだ？　となります。

「敵が百人います！」

これでも、やっぱり、まだ怒られますよね？　馬に乗っているのが何人、弓矢を持っているのが何人、若いか年寄りか、戦いに向かうところか、戦を終えて帰るところか……などなど、「詳細な」内訳《うちわけ》、分析が必要です。

写実と合理が武士に身についている所以《ゆえん》です。

「敬虔な信者」としての武士

でも、だからといって、武士が、貴族とちがって「宗教」や「信仰」に対して懐疑《かいぎ》的であったり迷信にまどわされたりしなかったか……というわけではけっしてありません。

いや、むしろ、天災や疫病《えきびょう》のような「不確かな死」への不安よりも、合戦という、「確実な死」

と直面している武士のほうが、神仏への信仰心が強かった、と考えるべきではないでしょうか。そもそも、奈良時代以降の「神仏習合」では、

《あの世のことは仏さま、この世のことは神さま》

という「神仏の役割分担」が進む中で（現在でも、子どもが生まれたらお宮参り、そして葬式、

先祖供養《くよう》はお寺へ、という慣習に残っています）、さらに平安時代には、神は仏がこの世に姿を変えて現れたもの、とする「本地垂迹説」という考え方が一般化していました。

武士も、合戦の勝利と、死を覚悟の出陣を前にした祈念に際して、神仏に頭《こうべ》を垂れるのは当然でした。

名場面での祈り

中学生のときに、学校の授業で『平家物語』を初めて習いました。場面は、いわゆる屋《や》島《しま》の戦いの名場面、「扇《おうぎ》の的《まと》」です。

一《いち》の谷《たに》の戦いで敗れた平氏は、讃岐《さぬき》（香川県）の屋島に陣を移しました。追撃する源氏側の指揮官　源《みなもとの》義経《よしつね》は、海路追撃してくると考えていた平氏軍の裏をかき、淡路から阿《あ》波《わ》（徳島県）へ、そして陸路で屋島を攻撃します。で、陸には源氏軍、海上には平氏軍に分かれて夕刻、両軍は小康状態のにらみ合いとなりました。

そこへ平氏側から小舟が一艘《そう》、漕《こ》ぎ出てきます。その舟には女房が一人乗り、舳先《へさき》には竿《さお》が一本、その先端には扇が取り付けられていました。

まぁ、平氏側からの暗黙の挑発ですね。このゆらゆら揺れる舟上の扇を射貫《いぬ》く、弓の上《じょう》手《ず》は源氏にいるや否や？

源義経は、もちろん受けて立ちます。

といっても、自分が出て行くのではなく、家来に、

「誰《たれ》か、あれを射落とす者はおらぬか？」

と問いました。

すると一人の武者が名乗り出ますが、この者もまた、自分が出て行くのではなく、

「わたしの家来にすごいやつがいます」

と推薦します。

で、選ばれたのが那須与一《なすのよいち》。

彼はこのムチャブリに最初は断りますが、結局は引き受けるハメに……

このとき那須与一は、このように心のうちに祈念しています。

南無八幡大菩薩《なむはちまんだいぼさつ》、わが国の神明《しんみょう》、日光権現《ごんげん》、宇都宮、那須の温泉《ゆぜん》大明神、

願はくは、あの扇のまんなか射させ給《たま》へ。

彼が唱えているのは、まさに「この世担当」の神さまです。そして「八幡大菩薩」「日光権現」という表現からわかるように、本地垂迹説に則《のっと》った祈念をしていることがわかります。さらに地元の（自分の領地の）神さまに祈念していることも見て取れます。那須与一

は（義経の）家来の家来、すなわち陪臣《ばいしん》（またもの・またげらい）で、さらには名前のとおり「那須」出身の地方武士です。

このような下級武士にまで、八幡大菩薩をはじめ、諸神への信仰がゆきわたっていたことが読み取れます。

これを射《い》そんずるものならば、
弓きりおり自害して、
人に二《ふた》たび面をむかふべからず。
いま一度本国へむかへんとおぼしめさば、
この矢はづさせ給《たま》ふな

と、続けて祈念しています。まさに命がけ、死を決意して事に向かう武士の姿が描かれています。八幡大菩薩は武門の守護神、そして「いま一度本国へむかへんとおぼしめさば」という表現からわかるように、地元の神さまに「自分を領地に帰させてやろうとお考えならば」と述べていることから、おそらく出陣に際して、地元の神さまに無事の帰還を祈っていたことも推測できます。

おもしろいことに、『平家物語』では、この八幡大菩薩は、源氏の武士たちの祈念によく登場してきます。

頼政《よりまさ》（源三位《げんさんみ》頼政）、きっと見上げたれば、雲の中にあやしき物の姿あり、
これを射そんずるものならば、世にあるべしとは思はざりけり。
さながらも矢をとってつがひ、「南無八幡大菩薩」と心のうちに祈念して、
よっぴいて、ひやう《（ひょう）》と射る。

武士は「一所懸命」という言葉にあるように、土地のために命を懸けるといわれていますが、一つのことに命を懸けるときには、神仏に祈念する、ということがセットとなっていて、源氏の場合は「八幡大菩薩」との関わりが深いことがわかります。

東へ向かう八幡神信仰

八幡神《はちまんしん》は、奈良時代、聖武天皇のときに一地方の神から一気に中央に躍《おど》り出ました。大仏造立に際して、八幡神が協力する、という宇佐八幡の神託があったとされ、銅など金属の鋳造に力を貸した、といわれています。

そこから転じて、金属の鍛錬、刀剣・鏃《やじり》の作製にかかわる神として武門の神になった、とも考えられました。すでに奈良時代から八幡神は仏教との関わりが深く、神仏習合して

「菩薩号」を持つことになるわけです。

平安時代、**源頼信**《よりのぶ》が永承《えいしょう》元年（一〇四六年）、石清水《いわしみず》八幡宮で神前に誓い、八幡大菩薩を源氏の氏神とする、としてその加護を願ったところから源氏の氏神とされるようになったといわれています。

そもそも頼信は「**河内**《かわち》**源氏**」の祖。河内に土着して勢力を伸ばすにあたって、その領地内に応神《おうじん》天皇陵があることに気づかないはずはありません。実は、八幡神は応神天皇の神霊である、とする考え方が古くからあり（実際、応神天皇を主神とする誉田《こんだ》八幡宮が応神天皇陵に近接しています）、以後、源氏の勢力が東国に移ることになっても、いわば八幡神を連れていくかのように、東国にも八幡神信仰が武士のあいだで広がっていきました。

頼信の子頼義《よりよし》は、前九年《ぜんくねん》の役《えき》（「前九年合戦」とも）に際して勝利を石清水八幡宮に祈念し、さらにその勝利後には鎌倉の由比《ゆい》に八幡神を勧請《かんじょう》します（鶴岡《つるがおか》八幡宮の前身です）。そして源氏の棟梁《とうりょう》の中ではもはや伝説のヒーローともいえる**義家**《よしいえ》（頼義の長男）は、石清水八幡宮で元服《げんぷく》の儀式をおこない、「**八幡太郎**《はちまんたろう》」の名を受けることになります。

死に向き合う武士たちを統合するのは、むろん棟梁の武将として力量や、その棟梁の貴種性《きしゅせい》（清和《せいわ》天皇など天皇の子孫であるということ）に加えて、「信仰の統合」も必要だったのではないでしょうか。

軍事力、権威、信仰……この三位一体が「武士団」を組織たらしめる求心力であった、と考えてみると、おもしろいかもしれません。

平氏の場合は？

だとすると、ここで問題となるのは、武士団のもう一方の《平氏の場合》はどうであったか、ということです。八幡大菩薩は武門の神であるならば、平氏もまた八幡神を信仰していてもおかしくはありません。

あくまでも「物語」ですが、『将門記《しょうもんき》』の中で、平将門《たいらのまさかど》と八幡大菩薩の関わりが出てくる場面があります。

一昌伎《かんなぎ》ありて云《い》へらく、八幡大菩薩の使ひなり、と價《くちばし》る。朕《ちん》が位を蔭子《おんし》に平将門に授《さず》け奉《たてまつ》る。その位記《いき》は、左大臣正二位菅原朝臣《すがわらあっそん》の霊魂《みたま》表《あらわ》すらく、右八幡大菩薩、八万の軍を起こして朕が位を授け奉らん。

「昌伎」は、巫女のことですね。巫女が神懸かりとなって「お告げ」をしたわけです。八幡大菩薩と菅原道真の御霊《みたま》が将門を天皇の位につける、と……

『将門記』の成立年ならびに作者はまったく不明で、おそらく半世紀以上後の十一世紀くらいの「創作」ですが、八幡神信仰と怨霊思想が混ざって表現されていて、おもしろいところです。

これをふまえて将門は「新皇」と称することになるのですが、この平将門の乱を鎮圧したのが、関東地方の有力者・俵藤太《たわらのとうた》（藤原秀郷《ひでさと》）と平貞盛《さだもり》でした。伊勢《いせ》平氏、つまり平清盛の系譜はこの貞盛につながるわけですが、どうも平将門の乱（承平・天慶の乱）が平氏の信仰の分岐点だったのではないでしょうか。

ちなみに、将門と貞盛はともに桓武平氏の流れですが、

桓武天皇→葛原《かずらわら》親王→高望王《たかもちおう》（賜姓降下《しせいこうか》して「平高望」となる。葛原親王の孫という説も）→国香《くにか》→**貞盛**……清盛へ
→良将《よしまさ》→**将門**

右のように二人は従兄弟《いとこ》どうしでした。

平氏の「信仰」が貴族化した

平将門の乱を鎮定した貞盛は、都の貴族として出世していくことになります。

すなわち、将門は《地方での私営田《しえいでん》の経営》と《地方武士の都からの自立》（これは、の

ちの源頼朝がめざしたものです）を志向したのに対して、平貞盛は従来の「軍事貴族」、

《貴族に「侍《さぶら》ふ」もの》

としての道を選んだわけです。

よって、平氏一門の信仰は、皇族・貴族の信仰と同一化していったのではないでしょうか。平氏が貴族化した、とよく説明しますが、「信仰の貴族化」も見逃してはならない視点だと思います。

白河《しらかわ》・鳥羽《とば》・後白河《ごしらかわ》という「三上皇」の院政の中に入り込み、彼らが**熊野詣**や**高野詣**を繰り返すなかで、いわば平氏もこれに乗っかり、武門の信仰よりも貴族の信仰を一族の信仰にしていきました。

『平家物語』の中でも、

「平家かやうに繁昌《はんじょう》せられけるも、熊野権現の御利生《ごりしょう》とぞ聞こえし」

とあり、平氏がその繁栄を熊野権現のおかげとしているのがわかります。平氏の武将たちには、源氏に仕える武士たちのような「八幡大菩薩」に祈念する様の描写はほとんど出てきません。

伊勢平氏の「藤原氏」化

また、八幡神が武門の神とはいえ、源氏の氏神である以上は、伊勢平氏としては別の氏神を必要とします。そこでクローズアップされたのが厳島《いつくしま》神社であった、と考えると、おもしろいかもしれません。

もともと清盛の祖父・父の代から、瀬戸内の交易、宋《そう》との貿易に、平氏は深く携《たずさ》わってきました。安芸（広島県）の海の神、宗像《むなかた》三女神を祀《まつ》り、平氏の氏神とするのはむしろ当然でした。

貴族、皇族とのつながりとは、すなわち**娘を嫁がせて関係を深める**こと……

これは藤原氏の「手法」ですが、平清盛もこの方法をとります。

『平家物語』にも、清盛の娘徳子《とくこ》（高倉《たかくら》天皇の中宮）の安産祈願を厳島神社でおこなう場面が描かれていて、無事男子が出産し、これがのちの**安徳《あんとく》天皇**となるわけです。

かつて「武家は《男子》がいないと家が絶える」が、「公家は《女子》がいないと家が栄えない」といわれたように、ヨコのつながりを広げるのは娘……

平氏が軍事貴族として栄えるのは、藤原氏同様、天皇の**外戚《がいせき》**（外祖父）となったからでした。武家として源氏が八幡神を信仰し、公家として平氏が宗像三神を信仰したのは、このような部分にも現れていたのではないでしょうか。

源氏がそなえ、伊勢平氏が欠いたもの

武士団を束ねる三要素、

棟梁の《資質》
棟梁の《貴種性》
武家の《信仰》

源氏がこの三つをそろえたのに対して、平氏は、資質・貴種性の二つはそろえていましたが、武家の信仰という部分では、厳島神社は八幡神のような役割を果たせていないような気がします。

同じ平氏でも、平貞盛の流れ（伊勢平氏）ではない平氏、平将門の乱に協力した平良文《よしふみ》と良文の子孫（坂東八平氏《ばんどうはちへいし》）らは、私営田を経営する武家（地方豪族）として関東地方に割《かっ》拠《きょ》し、武家の地方信仰（八幡神や妙見《みょうけん》菩薩の信仰）を保ち、この部分でも伊勢平氏とは一線を画していました。実際、坂東八平氏のうち、千葉氏・三浦氏・畠山《はたけやま》氏・上総《かずさ》氏・土肥

氏らは後年、源頼朝の挙兵に協力していますく細かい話ですが、のちに鎌倉幕府の執権となる北条氏も、もとは桓武平氏で、こちらは平貞盛の流れをくむものの、伊勢平氏ではありません）。

単純に「源・平」の対立ではなく、信仰のちがいが「対立の軸」としてあったかもしれないというわけです。世界史でいえば、

神聖ローマ皇帝・ローマ教皇の《カトリック勢力》に、ドイツの《プロテスタント諸侯》が対抗した……

これと同じとは、もちろんいいませんが、

《武家》と《公家》

《地方武士》と《都の軍事貴族》

両者の対立の背景に、信仰の相違がみられたのは、おもしろいところかもしれません。

『承久記《じょうきゅうき》』におもしろい記述がみられます。

「日本国の帝位は、伊勢天照大神、八幡大菩薩の御計《おんはから》ひ」

つまり、天照大神に次いで（あるいは並んで）八幡大菩薩は皇室の守護神とされています。

源氏の氏神が八幡大菩薩であるならば、**皇室の守護＝武家、その長＝源氏**とすると、朝廷

にかわって（朝廷から委任されて）政治をおこなう幕府の政治を正当化することも可能になります。後年、幕府を開く征夷大将軍は源氏の血筋でなければならぬ、という考え方が生まれた背景はこんなところにあったのかもしれません。

〈脱線その一〉先祖をまねたか、北条時政

先ほど、北条氏は桓武平氏の流れをくむ、と申しました。ここからは蛇足ですが、鎌倉時代の実質的な支配者となる「鎌倉」北条氏について補足したいと思います（もちろん、戦国時代に関東の覇者となる北条早雲から始まる「小田原」北条氏、いわゆる「後」北条氏についてはふれません）。

北条氏の祖は、平直方《なおかた》です。桓武平氏で、藤原頼通《よりみち》（望月《もちづき》の歌で知られる道長《みちなが》の長男）に仕え、鎌倉にも所領を有していたようです。平忠常《ただつね》（将門のいとこの子）が関東地方で乱を起こすと、直方はその討伐を命じられましたが、どうも鎮圧に手こずったようです。そこで朝廷は、この平忠常の乱の討伐を、河内源氏の源頼信に命じました。頼信がこの乱をおさめることに成功すると、平直方は頼信に心服し、「自分の娘を頼信の子、頼義の妻にもらってほしい」と申し出たのです。こうして平直方は河内源氏と誼《よしみ》を結び、娘婿《むすめむこ》の頼義に鎌倉を譲ることになります。

《西国から来た**源氏の棟梁の息子**に、**自分の娘を嫁がせる……**》

という構図です。

さて、北条氏は桓武平氏の流れを汲むということからこの脱線が始まっているのに、こういってはなんですが、「桓武平氏高望流、平直方の子孫」は北条氏の自称であるとの説もあるので困りものです。しかしコレ、逆説的にいえば、

《仮に自称だとしても、そのように先祖を〝称したくなる〟動機はあった》

というわけで、その前提で話を続けましょう。時代はくだって「(自称)桓武平氏高望流、平直方の子孫」である北条時政《ときまさ》は、伊豆の豪族となっていました。なんと、そこに源氏の棟梁、源義朝の御曹司《おんぞうし》頼朝が、平治の乱に敗れて罪を得て配流されてきたのです。

ややドラマ的で、歴史小説のネタのようですが、時政は、北条氏の祖である平直方と、前述の源頼信の「故事」を思い出し、自らと平直方を重ねたのではないでしょうか。

《娘の政子《まさこ》を、**源氏の棟梁の息子と結婚させる**……むふふ》

この「奇縁」が反平氏・関東自立への決意を後押しした可能性もあったかもしれません。

〈脱線その二〉ミツウロコの由来

蛇足ついでに、北条氏の家紋「三《み》つ鱗《うろこ》」、この由来がなかなかにおもしろい。江《え》ノ島《しま》弁財天が深く関わっているんです。

時政が、江ノ島弁財天に子孫繁栄を祈願したのですが、高貴な出立《いでた》ちの女性が時政の前に現れ、七代の繁栄を「予言」し、なんと大蛇となって海中に去っていった、というのです。そして浜辺には、その大蛇の「鱗」が「三つ」残されていた……

ん？　弁財天？

江ノ島には、多紀理《たぎり》姫命《ひめのみこと》、市寸島《いちきしま》姫命《ひめのみこと》、田寸津《たぎつ》姫命《ひめのみこと》の三女神が祀られていて、「神仏習合」し、弁財天女として信仰されていたのです。その女神のお一人のお名前「市寸《いちき》島《しま》」が、すなわち「厳島《いつくしま》」の語源……ということは、北条氏は桓武平氏であるだけでなく、伊勢平氏の氏神、厳島神社に祀られている神さまと同神を信仰しているわけです。

平氏の紅旗に源氏の白旗……縁が結んだ糸で糾《あざな》えるは紅白の縄、とでも申しましょうか。まさに歴史は糾える縄のごとし。ちなみに、頼朝の流刑地「蛭《ひる》ヶ小島《こじま》」は現在の静岡県伊《い》豆《ず》の国《くに》市韮山《にらやま》にあり、公園として整備され、頼朝と政子の像が仲睦まじく立っています。

【5】鎌倉時代②

日本の「宗教改革」の始まり

――《鎌倉文化＝武家文化》という大誤解

鎌倉時代の文化――その四つの特色

鎌倉時代は、まさに日本の「宗教改革」の時代だったといえるかもしれません。鎌倉の宗教を説明する前に、鎌倉時代の文化がどのようなものだったかを簡単に説明します。鎌倉の文化は、平安時代から続く貴族の文化と、新しく台頭してきた武士や庶民の文化が「ええ感じにまざっている」文化といえそうです。

したがって、鎌倉文化には次の四つの特色がありました。

㈠ 文化の庶民への広がり

㈡ 貴族の保守化と貴族文化の変質

㈢　武士の文化
㈣　宋・元の大陸文化の影響
以下、それぞれ具体的にみていきます。

㈠　文化の庶民への広がり

それまで貴族や僧侶に独り占めされていた文化が、鎌倉時代には武士や農民に広がりました。京都や鎌倉へ、武士が京都大番役《おおばんやく》や鎌倉番役《ばんやく》で往来するようになり、さらに商業が発達して商人などが地方にも行くようになると、当然のことながら、都の文化が地方に伝わるようになりました。

だれもが簡単に理解できる仏教、文字が読めない武士・農民にも親しめる「語りの文学」としての『平家物語』などの**軍記物**《ぐんきもの》、物語をビジュアル化した『平治物語絵巻』『蒙《もう》古襲来絵詞《こしゅうらいえことば》』といった**絵巻物**《えまきもの》などがこの文化の例でしょう。

また、貴族のたしなみだった和歌なども武士に広がります。鎌倉幕府三代将軍・源実朝《さねとも》の和歌の師匠は藤原定家《ていか》。実朝は万葉調の『金槐《きんかい》和歌集』などを残しています。

(二) 貴族の保守化と貴族文化の変質

極言すると、**貴族にとって平安時代は明治維新まで続いています**。ですから、鎌倉時代はもちろん、貴族の文化が続いています。質的な変化がみられるだけで、貴族文化が武士文化に変化したわけではありません。当時の貴族の日記などには、

「新儀非法《しんぎひほう》」

という言葉がよく出てきます。

「新しいこと＝よくないこと」

という意味です。伝統や先例をなによりも大切にし、新しいことにはできるだけ手を出さない……したがって、鎌倉時代の貴族は、古き良き時代への懐古、古典の研究、有職故実《ゆうそくこじつ》の研究に力を入れるようになりました。

また、貴族の没落は現実逃避の「世捨て人」の感性を生み、なぜ貴族が没落してしまったかの歴史研究を生み出します。鴨長明《かものちょうめい》の『**方丈記**《ほうじょうき》』、兼好《けんこう》法師の『**徒然草**《つれづれぐさ》』、慈円《じえん》の『**愚管抄**《ぐかんしょう》』などがそれです。

『宇治拾遺物語《うじしゅうい》』『十訓抄《じっきんしょう》』は作者不詳ですが、**『古今著聞集《ここんちょもんじゅう》』**は橘成季《たちばなのなりすえ》。おそらく説話集の作者は貴族か僧侶です。

随筆・説話・軍記物は、平安時代から続く「貴族の文化」といえるでしょう。

(三) 武士の文化

いっぽう武家は、現実的で、実用的な文化を生み出しました。農村で暮らす武士たちは、質実剛健を旨《むね》として生活しています。かつては武家造《ぶけづく》りと紹介されていた「武士の館《やかた》」にみられる《機能性・実用性》、**東大寺南大門の金剛力士像《こんごうりきしぞう》**の《写実性》や《たくましさ》は、そういった武士の気風というのが表れた文化といえるのではないでしょうか。

(四) 宋・元の大陸文化の影響

日宋貿易がおこなわれるようになると、僧や商人が大陸と往来して、さまざまな文化や生活様式が伝えられました。南宋が滅びた（一二七九年）のちは、禅僧や文化人などが多く日本にやってくるようになります。運慶《うんけい》・快慶《かいけい》の彫刻、前述の「金剛力士像」は奈良時代の彫刻技法と宋の様式を取り入れて創られていますが、これが背景となっています。

また、鎌倉時代の絵画・彫刻・建築は、

奈良時代の文化の《復古・再生》

という側面もありました。これらは、治承・寿永の内乱で焼け落ちた南都（奈良）の復興事業の一環として生まれた、と説明しても過言ではありません。

そして、奈良の復興のシンボルとして、大仏の再建が図られましたが、それを担《にな》ったのが**重源**《ちょうげん》です。彼は宋の陳和卿《ちんわけい》（「ちんなけい」とも）を起用しました。

東大寺南大門に代表される建築様式「**大仏様**《だいぶつよう》」（「天竺様《てんじくよう》」とも）は、宋の江南・福建の様式を取り入れたものでした。このほか、「**禅宗様**《ぜんしゅうよう》」は中国の禅宗の影響を受けた建築様式で、禅宗の受容とともに全国に広がります。

これらに対して、興福寺は日本の伝統的な建築様式「**和様**《わよう》」で再建されています。

このように、鎌倉文化の建築・彫刻は、**東アジアの最新文化の集大成だった**ともいえます。いわば鎌倉時代の文化の、四分の一だけが「武士の文化」であって、

鎌倉時代の文化＝武士の文化

と理解してはいけない、ということです。

「鎌倉仏教」の特徴

鎌倉時代の宗教は、これらの文化的特色の枠組みで考えなければなりません。「鎌倉仏教」は、かつては「鎌倉新仏教」という表現で学校で習ったと思いますが、現在は「鎌倉仏教」と説明します。《「新」「旧」》という表現が宗派の《優劣》の差であるかのような誤解を与えるため、教科書の表現は変わりました。「鎌倉六宗《りくしゅう》」と表記する教科書もあります。

「鎌倉六宗」とは、《禅宗》の曹洞《そうとう》宗・臨済《りんざい》宗、《念仏》系の浄土《じょうど》宗・浄土真《しん》宗・時宗《じしゅう》、《法華《ほっけ》》系の日蓮《にちれん》宗のことです。

これらを一括《ひとくく》りして、その特徴を三点にまとめてみますと、

①救済に困難な修行はいらない
②多くの経典の中から一つを選ぶ
③それだけにすがる

と説明することができます。これらを「**易行**《いぎょう》・**選択**《せんじゃく》・**専修**《せんじゅ》」といいます。

禅宗はこれらの特色をふまえていないのではないか、とくに①は、なにやら禅宗にはあてはまりにくいような気もしますが、②や③は、該当するような気もします。

一見、禅宗にあてはまらないように見える①も、そもそも禅宗は、坐禅によって人間に内在する仏性を自覚するものですから、いわゆる坐禅《ざぜん》は「荒行」「苦行」とはちがいます。禅宗は、単純に修行によって自らを救済する、というようなものではありません。

さて、これら鎌倉仏教の六つを、

「中国から平安末期・鎌倉初期に入ってきたもの（禅は奈良時代に伝わります）」

「旧来の日本の仏教から生まれたもの」

に分けたとしますと……

前者（＝中国伝来）が曹洞宗・臨済宗

後者（＝日本在来）が浄土宗・浄土真宗・時宗・日蓮宗

ということになるでしょう。これら「鎌倉六宗」の開祖を生年順に並べると、

法然《ほうねん》（念）→**栄西《えいさい》**（禅）→**親鸞《しんらん》**（念）→**道元《どうげん》**（禅）→**日蓮《にちれん》**（法）→**一遍《いっぺん》**（念）

という流れになります。念仏系の法然・親鸞・一遍の教えに最も反映されているように、「易行」「選択」「専修」の特質が、時代が進むにつれて極端化していきます。とくに民衆の中に熱狂的に広がった「一遍現象」はその典型といえるでしょう。

「自力」と「他力」

さて、法然は、「自力」を否定し、「他力」を説きました。現在、「他力本願」というと、他人の力にたよっている、という意味で使用されて、なんだかいけないことのように思ってしまいますが、これは「他力本願」の誤用です。

それまでの民衆の死生観では、

善《よ》いこと（仏の教えにかなうこと）をすれば極楽

悪いこと（仏の教えにかなわないこと）をすれば地獄

というのが一般的でした。よって、この死生観を背景に、善いことをすれば（作善《さぜん》すれば）極楽に往けるから、お経を唱えたり、修行したり、寄付したりしましょう、という考えが生まれました。これが「自力」の批判的説明です。

いや、そうではなく、

信仰こそが大切……

阿弥陀仏を信じ、すがる気持ちを起こせば、極楽往生がかなうのだ

というのが「他力」です。

こんな言い方をすると怒られそうですが、キリスト教でいうところのルターの考え方(パウロ主義)ですよね。積善《せきぜん》で天国に行けるのではない、信仰によってのみ救われるのだ、という考え方です。「免罪符」を購入すれば天国に行ける、というのは「自力」、信仰によってのみ救われる、というのが「他力」です。そこで、

ひたすら阿弥陀仏を信じて念仏を唱える……

ところが、ふと、矛盾に気づくわけです。念仏を唱える、というのもまた、それが極楽へ行く「手段」となるならば、「自力」になってしまうのではないか……

そこで親鸞はその矛盾を解決するために「絶対他力」の考え方に到達しました。

「今、あなたが、阿弥陀仏にすがろう、そして念仏を唱えようという気持ちを起こしたことすら、すべて阿弥陀さまのお導きなのだ」

という考え方です。
まるでカルヴァンの考え方（予定説）。

キリスト教の思想に似ている「悪人正機説」

親鸞の書としては『教行信証《きょうぎょうしんしょう》』があり、また弟子の唯円《ゆいえん》が師の教えをまとめた『歎異《たんに》抄《しょう》』があります。親鸞の考え方はこれらから知ることができます。

「悪人正機説」もキリスト教の、とりわけ新教《プロテスタント》の思想に似ている部分があります。

「善人なをもちて往生をとぐ。いはんや悪人をや」（善人ですら極楽に往けるだから、ましてや悪人が往けないわけがない）

え？　おかしくない？　悪人ですら極楽に往けるんだから、善人が往けないわけがない、ではないの？　と、なりそうですよね。これはつまり、阿弥陀仏が本当に救おうとしているのは、煩悩に苦しみ、救われないと悩んでいる人たちである、ということです。

健康な人に、病院も、医師も必要ない……病気に苦しんでいる人にこそ必要であるという考え方です。

ところで、親鸞は三十一歳ごろ、「妻帯肉食」を公然とおこなったと考えられています。

前提として、親鸞は、

「老若男女、一切差別なく、すべての人が救われる」

というのが真の仏教であると考えていました。仏教は「心中」、心の中でどう思っているか、を大切にします。

心が口や体を動かし、対象の存在も心が決めている……

つまり、口や体で為《な》さなくても、心の中で考えていれば、それは同じ。すべての人は「妻帯肉食」をしている、というのが前提にあります。

妻帯肉食を否定しないと幸せになれないのならば、すべての人の救済、幸せは無いことになってしまう……

妻帯肉食をしていても幸せになれることが、真の仏教。

これを明らかにするために、親鸞は妻帯肉食を始めたのかもしれません。

「信じていなくても救われる」

さて、一遍は「踊り念仏」というものを始めました。

一遍の念仏はかなり突き抜けています。

法然、親鸞の念仏は、「信じる者こそ救われる」ですが、一遍のそれはまるで、「信じていなくても救われる」くらいの勢いでした。

「阿弥陀仏が人を救ってくださらないわけがない。すなわち人は、この世に生まれたときにすでに救済が約束されている（のも同然だ）」という考え方です。

阿弥陀仏にすべておまかせ（帰命《きみょう》）し、
生かさせていただいている、ということに気づけば、
日々の生活は感謝と喜びにあふれたものとなる……

余計な考えも、あさはかな智恵も捨て、
貴賤の高下も、善悪の境界も捨て、
もっといえば、極楽往生を願う心も捨てて、
一切を捨てた念仏こそ、阿弥陀仏の本願にかなう……

この喜びと感謝を自由な形で「踊り」であらわしたものが「踊り念仏」です。一遍は各地の民衆に熱狂的に受け入れられることになりました。

他宗派への影響

そして「鎌倉六宗」の動きを受けて、「南都仏教」に改革の動きが出てきます。現在の教科書ではこの部分が大きく取り上げられるようになりました。次項でも取り上げますが、華厳《けごん》宗の**高弁**《こうべん》（明恵《みょうえ》上人。199ページ参照）、法相《ほっそう》宗の**貞慶**《じょうけい》（解脱《げだつ》上人。198ページ参照）、律宗の**叡**《えい》**尊**《ぞん》・**忍性**《にんしょう》が紹介されます。病人の救済、架橋工事など社会事業に力を注ぎ、忍性は奈良に北山十八間戸《きたやまじゅうはっけんど》を、鎌倉に悲田院をつくっています。また、高弁は『摧邪輪《ざいじゃりん》』を著して、法然の専修念仏を《悟りを得たいという心（菩提心）がない》と批判しました。

「鎌倉六宗」の祖たちは、実はほぼ蒙古襲来前に活動し、蒙古襲来後もしばらく存命だったのは一遍だけです（日蓮は弘安《こうあん》の役《えき》後一年ほどで没）。そして蒙古襲来後、国家意識の高まりから**度会家行**《わたらいいえゆき》によって伊勢神道が大成されました。蒙古襲来前に「鎌倉六宗」が成立し、蒙古襲来後、十四世紀に伊勢神道が確立されていることになります。

蒙古襲来は、鎌倉時代の宗教にも大きな影響をあたえるのですが、詳細はのちほど……

【5】鎌倉時代③

《奈良》対《鎌倉》

――日本史における宗教〝冷戦〟

新時代の刺激

「戦争」というと、ちょっと誤解がある表現です。日本の「宗教戦争」といってもよさそうなものは、仏教受容（国家仏教のあり方）をめぐる蘇我氏と物部氏の「丁未《ていび》の乱」（44ページ参照）。あとは室町時代の「法華一揆」、「天文法華の乱」や一向一揆……これらに比べて、血で血を洗うものでないだけに、鎌倉時代の宗教戦争は「冷戦」といってよいかもしれません。

鎌倉時代の新しい仏教の特色は、天台・真言などの旧仏教の問題点を指摘し、ただ一つの選ばれた「道」（念仏・題目・禅）をひたすらに歩む、「易行・選択・専修」によってのみ救われる、としたうえで、信仰のすそ野を武士・庶民にも広げていった、ということです。

この「視点」はもちろん南都仏教にも大きな刺激になりました。

「反撃の狼煙《のろし》」は興福寺の僧たちが上げました。一二〇五年の『**興福寺奏状《そうじょう》**』がそれです。これは法相宗の**貞慶《じょうけい》**（解脱《げだつ》上人）が起草したもので、もちろん宗教的な教義の問題も指摘していますが、おもしろいのは、当時の社会との関わりが読み取れる部分があることです。

第一項は、「論拠を示さず、天皇の許可なく新しい宗派を立てた」というもので、まるで「無許可の企業」への非難です。

第三項は、念仏だけを唱えることを奨励して、「造仏造寺の善行を妨害」しているというもので、「事業としての仏教」を阻害している、という指摘です。

第五項は、「春日社や八幡神をおろそかにしている。日本国を守護してきた神々を軽んじてはいけない」という説明です。「神仏習合」や「本地垂迹説」という平安以来の神仏関係を逸脱してはいけない、という考え方があらわれています。

第九項は、「仏法は国を守るべきものなのに、その正しい道から外れている（個人の救済に傾斜している）」という批判をしています。

当時の仏教のあり方がよく示されていると思いませんか？

もちろん宗教的な指摘もあります。わたしが反論としておもしろいな、という部分は第三項で、「阿弥陀仏だけを礼拝して、かんじんのお釈迦さまを無視している」という批判です。そりゃそうですよね。仏教はもともとブッダの言行にもとづく教えなんですから。

もともとのブッダの言行への「回帰」は、前回お話ししたように、南都仏教の「実践」に反映されます。そもそも、ブッダの望まれたことは《人々の救済》……前述のとおり、律宗《りっしゅう》の**叡尊**《えいぞん》（思円《しえん》）、**忍性**《にんしょう》（良観《りょうかん》）らは貧者・病人の救済、社会福祉に力を注ぎ、忍性は病人の救済施設である北山十八間戸《きたやまじゅうはっけんど》を奈良に築いています。

「そもそも論」で対抗した高弁

さて、『興福寺奏状』の第一・三・五・九項は、同時に政治的な意味合いも含みましたから、朝廷を動かしました。「**承元**《じょうげん》**の法難**」を誘引したと考えられます。

この事件は「表」と「裏」がありました。承元の法難とは念仏を認めるか否かがもとになった宗教的論争から法然やその弟子たちが弾圧された事件です。華厳《けごん》宗の**高弁**《こうべん》（明恵《みょうえ》上人）が、法然が著した『選択本願念仏集』の言説に反論を展開したのです。

高弁の考え方は『摧邪輪《ざいじゃりん》』に明記されています。「摧」とは「摧《くだ》く」という意味。邪見を摧く、というわけです。

高弁にとって、法然の教えのなにが「邪見」だったのでしょうか。個人的には、この考え方、わりと好きです。かんたんにいうと、「仏教の、そもそもの論」だからです。

紙本著色明恵上人像（国宝／高山寺蔵）
樹上で瞑想する高弁を弟子が筆写したものといわれる

一、そもそも仏教はブッダの教え。
二、そもそも、仏教の入り口は菩提心《ぼだいしん》（悟りを得たいと願う気持ち）。
三、そもそも「自力」って、自分の力で悟りを開くことじゃない。

「そもそも」をいうならば、**そもそも高弁は法然を批判してはいませんでした**。むしろ共感していたフシもありますが、『選択本願念仏集』を読んで、第二の《「菩提心」が欠けていては大乗仏教にはならない》と説き、修行で悟りを開くことを自力であるとして否定するのは問題だ、と説明しました。

赤子《あかご》は、だれに教わるのでもなく、母の乳を求める……

これは、もともと自らに備えられている力＝《自力》であって、《修行》とは赤子が母の乳を求めるがごとくに悟りを求める「形」にすぎない、というわけです。

禅宗のお坊さまの説法も、あくまでも母の乳房を求める赤子に、「乳房はここだよ」と教え導くものにすぎず、本来、人の心にある、自ら備わっている「悟りを得たい」という菩提心こそが「自力」なのです。すなわち、菩提心の軽視、自力の否定は、そもそも仏教とはちがう、というのが高弁の論でした。が、しかし……

これらの論争と承元の法難は実はまた別のところにあったのです。後鳥羽上皇の寵愛《ちょうあい》する女官たちが上皇の留守中に法然の教えに感化され出家してしまい、それが上皇の怒りをかってしまったのです。表《おもて》の教義ではなく、裏《うら》の事情で弾圧されてしまったわけです。

【5】鎌倉時代④

蒙古襲来を撃退した神々

——鎌倉「新」仏教を相対化する

戦前教育の裏返し、「朝廷《無能》・武士《有能》論」

授業でよくいうのですが、「現代人の価値観で、昔の人の言動を評価してはいけないよ」と……。かつては、蒙古襲来の授業では、

「武士たちが戦いでがんばっていたのに、朝廷は神仏にたよるばかりで、祈祷《きとう》して夷狄《いてき》調伏《ちょうぶく》を祈っていただけだ」

という説明をしていた先生もおられました。わたしが中学のときの歴史の授業でも、よく似た説明がされていたように思います。いわゆる「朝廷《**無能**》・武士《**有能**》論」です。これは明らかに、戦前の「神風」思想にもとづく「朝廷《**有能**》・武士《**無能**》論」

の裏返しといえるでしょう。

『八幡愚童訓《はちまんぐどうくん》』（鎌倉時代後期に成立。古くから武運の神として崇められた八幡神の威徳を説きました）にみられるような、集団戦法に対して無謀な一騎打ちで挑む武士たちの姿なども、この考え方に立ったものです。そして、この二つが混ざってしまって、

「朝廷は神仏にたよるばかりで、いっぽう武士は武士で、愚かな一騎打ちで挑んで痛い目にあいました……」

という「逸話」がおもしろおかしく説明されてしまいました。史実を抜きに、誇張や矮小化《わいしょうか》を繰り返し、得体の知れぬ蒙古襲来像が、しだいにできあがってしまうことになります。ようやくそういう「愚かな振幅」から離れて、史料にもとづき、社会史の立場をふまえて説明しようという段階に、学校の現場も変わってきました。

勉強不足の作家やストーリー重視のドラマによって、また「誤謬《ごびゅう》が再生産」されるのはどこかで断ち切らないといけません。

現代人も祈るのだから、昔の人はもっと……

さて、授業では続けてこんな話もしています。

「きみたち、受験勉強のとき、お父さんやお母さんが、あるいは、おじいちゃんやおばあちゃんが、神社やお寺で合格祈願してくれて、御守りもらって、『ありがたい』とか思わなかった？　『がんばるぞ！』って思わなかった？　現代人でもそうなのに、当時の人はどんなふうに考えたと思う？」

農村には神社があり、また大小さまざまなお寺もありました。

農作業はもちろん、農民たちの共同作業です。田植えの時期や収穫の時期は、さまざまな神事がおこなわれますが、それらを通じて村人たちはつながりを深めたり、収穫を喜び合ったり、また災害などに見舞われても、協力していく気持ちを持てたりしました。

武士たちも、それぞれの氏神や念持仏《ねんじぶつ》（いわばマイ仏像）の信仰を持ち、惣領《そうりょう》（一族の長）は平時には、その祭祀や先祖供養の法要をとりしきって一族の団結を深めています。

武士の社会では、分割相続がおこなわれて土地は一族に分けられましたが、それぞれ血縁を重んじ、本家を中心にして「一家・一門」を成していました。

戦時には惣領を指揮官として、団結して戦いました。

《一つ所に命を懸ける》のは「一家・一門」です。「一所懸命」は実は、

「一家一門一所懸命」

でした。まして戦《いくさ》は命に関わることですから、前述のとおり、神や仏に命をゆだねる気持ちが強くなるのは当然です。

当初、鎌倉武士はドライだった

承久の乱のときは、「鎌倉が勝つなら鎌倉、上皇が勝つなら上皇」と、勝ち馬に乗ろうとしている御家人が多く（『承久記』）、鎌倉方が迅速に動いて緒戦に勝利したことが幸いして鎌倉方に兵が多く集まったのです。実は上皇方が勝利する可能性も十分にありました。武士たちはドライで、初期の鎌倉時代は、まだ《双務的な契約関係》にあったことがわかります。

しかし、蒙古襲来のときには社会の様子が変わっていました。朝廷が全国の寺社に夷狄調伏の祈願のために加持祈祷を命じましたが、「国をあげて戦う」という空気が武士や農民などに広くゆきわたったのは、神事が農村生活と深い関わりを持ち、また、武士の惣領制を支える精神的な拠《よ》りどころが、お寺や神社にあったからではないでしょうか。とくに、弘安の役のときの速やかな大動員や、東方からのさらなる大規模な援軍の組織に、このような背景があったことも付け加えてもいいのではないかと思っています。

神仏も動員された蒙古襲来

蒙古襲来は、武士が動員されただけではなく、いわば神仏も動員されることになりました。この結果、寺院・神社の関係が大きく変わっていくことになります。

中学や高校の教科書では、鎌倉時代の開祖と新しい宗派の紹介に力が入れられすぎているため、「新しい仏教」が「かつての仏教」に**とってかわった**印象を生徒たちにあたえてしまいました。

蒙古襲来のときの夷狄調伏の祈祷の中心は、実は「かつての仏教」だったことがわかっています。すでに本地垂迹説がひろがっていたことから、「かつての仏教」の力のある寺院らは、近隣の神社と協力し、これらが一体となって、幕府・朝廷から依頼された祈祷を展開していきます。

この過程で、春日社は興福寺、丹生社《にう》（「にぶ」「にゅう」「たんじょう」とも）は金剛峯寺、日吉社や祇園社は延暦寺へと組み込まれていったのです。

「かつての仏教」は、このように《権力》と深く結びついて、実際は鎌倉時代には、いわゆる新仏教をはるかに凌駕していた**公式の仏教**でした。

世界史の宗教改革の説明でも、いわゆる新教《プロテスタント》が生まれて、旧教《カトリック》の力が衰えたかのような印象を生徒たちにあたえがちなのですが、実際には、カトリックは王権や世俗権力と深く結びつき、ヨーロッパの近世社会の中で長く、その権威を保っていました。むしろ、プロテスタントは少数派の「異端」の側面が強かった、といえます。

これに似て、教科書で大きく取り上げられているわりには、鎌倉新仏教の影響力は弱かった、と現在では説明しています。

律令制から荘園制に世の中が変わると、荘園領主でもあった大寺院は、加持祈祷を通じて《国家を支える役割》を担《にな》い、蒙古襲来を通じて、その存在感を示しました。

宗教の時代の《主役》であると考えられていた、法然・親鸞・栄西・道元・日蓮・一遍らの開祖たちは、そのすぐれた思想性とは裏腹に、むしろこの枠組みから《はみ出した存在》であった、ともいえます。

仏教の主流は、鎌倉時代ではまだ、

「かつての仏教」＝**密教**《みっきょう》（真言宗など）および**顕教**《けんぎょう》（華厳宗・法相宗など）

であった、と現在では考えられています。

【5】鎌倉時代⑤

そして仏は実は神だった?!
――蒙古襲来が「神の国」を再起動させた

外圧によって目が覚める

「蒙古襲来」は、政治・社会・文化・経済……多岐にわたって日本に大きな影響を与えました。

そもそも『古事記』は「日本創世神話」から始まります。

日本は神さまがつくられた国……

よって、神さまが日本を守ってくださっている……

仏教って、あとから入ってきたものやんっ!

という考え方が再起動するきっかけとなったのが「蒙古襲来」でした。

この考え方は、のちに北畠《きたばたけ》親房《ちかふさ》の『神皇正統記《じんのうしょうとうき》』に反映されます。その冒頭、

大日本《おほやまと》者《は》神国《かみのくに》也《なり》、
天祖《あまつみおや》ハジメテ基《もとゐ》ヲヒラキ、日神《ひのかみ》ナカ《（が）》ク統《とう》ヲ伝給《つたへたま》フ、
我国《わがくに》ノミ此事《このこと》アリ、異朝《いてう》ニハ其類《そのたぐひ》ナシ、
此故《このゆゑ》ニ神国《かみのくに》ト云《いふ》也

一二六八年、元《げん》帝国の皇帝フビライからの国書は高麗《こうらい》の使節によってもたらされました。大宰府にある鎮西《ちんぜい》奉行のもとに届いた国書は鎌倉に送られましたが、その後、朝廷にも回送されます。この時代、形式上「外交権」は朝廷にあったからです。そして鎌倉幕府は「夷狄調伏」の祈祷《きとう》を寺社に命じています。

朝廷はさっそく評定を開き、対応を協議していることが、当時の『深心院関白記』『岡谷関白記』『後知足関白記』から読み取れます。

幕府は、国書にすぐに返答していません。そして朝廷が出そうとした返書に、待ったをかけました。「時間稼ぎ」が必要だったからです。簡単にいえば、もし元帝国と戦うことになったならば、戦争準備が必要だからです。

朝廷は毅然とした態度をとっていた

執権北条時宗《ほうじょうときむね》はまだ、十代の未熟な若者でした。北条政村《まさむら》・北条実時《さねとき》・安達泰盛《あだちやすもり》・平頼綱《たいらのよりつな》といった有力者を中心に国内体制を早期に整え、迎撃の準備を進めるための時間がほしかったのです。

ちなみに、前にも紹介した、朝廷が出そうとしていた返書をあらためて掲載させていただくと、

「蒙古之号」は未《いま》だ聞いたことがなく、貴国はかつて人物の往来もなく、本朝はどうして貴国に好悪《こうお》することがあるだろうか。そうした由緒《ゆいしょ》を顧《かえり》みず、「凶器」を用いようとしている。春風が再びやって来ても、凍《こお》った氷はなお厚い。聖人の書物や釈迦の教えは、救い生かすことを素懐《そかい》として、命を奪うことを悪い行《おこな》いとする。どうして自らを「帝徳仁義之境」と称しながら、かえって民衆を殺傷する源《みなもと》を開くのか。天照皇大神《あまてらすすべらぎたいじん》から日本今天皇に至るまで聖明のおよばないところはなく、百王の鎮護は明《あき》らかであり、四方の異民族をおさめ鎮《しず》めること少しの乱れもないため、皇土をもって永く神国と号している。智をもって競うべきではなく、力をもって争うべきで

もない。（訳・佐伯弘次「蒙古襲来以後の日本の対高麗関係」より）

フビライの威嚇を非難し、明確に要求を拒否しています。

かつては、フビライの国書に対して朝廷は無力で、幕府は毅然《きぜん》とした態度をとった、と説明していたことがありましたが誤りです。この返書を読めば、朝廷が「無礼な国書」に対して毅然とした態度をとっていたことがわかります。

その態度を支えていたのは、「天照皇大神から日本今天皇に至るまで聖明のおよばないところはなく、百王の鎮護は明かであり、四方の異民族をおさめ鎮めること少しの乱れもないため、皇土をもって永く神国と号している」という部分だったと思います。

主従が逆転

すでに奈良時代から「神仏習合」の考え方が生まれ、平安時代には「本地垂迹説」が広がっていましたが、ここにきて「神は仏が姿を変えてこの世にあらわれたもの」とする考え方に大きな転換点が訪れました。

これに理論的支柱を与えたのが、伊勢外宮《げくう》の**度会家行**《わたらいいえゆき》でした。

度会家行は伊勢神宮の外宮の神官でした。もともと外宮の神さま、豊受大神《とようけのおおかみ》は内宮の天照大神《あまてらすおおみかみ》が雄略天皇の夢に現れて、神託して近くに呼び寄せた、とされていましたが、度会家行はこの神さまを、天地を開闢《かいびゃく》された神々、天之御中主神《あめのみなかぬしのかみ》や国之常立神《くにのとこたちのかみ》と同格の神さまで、むしろ内宮より外宮のほうが上、という伊勢神道を説いたのです。

日本を創造した神々を強調して説いたことは、「神が従で、仏が主」という考え方を否定して、

「神こそが主で、仏が従」（神本仏迹説《しんぽんぶつじゃくせつ》）

という思想をあと押しします。度会家行は『類聚神祇本源《るいじゅうじんぎほんげん》』を著して、このことをあきらかにし、「伊勢神道」を提唱しました。

【6】室町時代

《信仰が生活と一体になっていた時代》

応永《おうえい》二十七年（一四二〇年）、朝鮮の使者として宋希璟《そうきけい》なる人物が来日します。瀬戸内海をへて兵庫に上陸した彼を驚かせたのは、都までの道のりで見た、麦・稲・蕎《そば》、「三毛作」がおこなわれた豊かな田畑でした。さらに都では貨幣経済の発達にも目を瞠《みは》ります。費用を賄《まかな》うために刀を質屋に入れると、容易に銭を入手できたからです。その反面、彼は道中、仕事もなく飢えに苦しむ人や病人も目《ま》のあたりにします。

《繁栄と、その陰《かげ》》ですが、ここにこそ民衆の生きざまが見てとれます。人々は町や村で活力に満ちて暮らし、飢えや病気に苦しみ、不安も抱えている……信仰や祈りが生活と一体になっていた時代です。

【6】室町時代①

倒幕から建武の新政へ
——宗教ネットワークの勝利

寺社がつなぐ人脈

ちょっとワルい言い方をしちゃいますが……学校で生徒たちが学ぶこと、たくさんあるんですが、小学校・中学・高校・大学と、これ、**「ツテ」と「コネ」の養成**をしているともいえますよね？

いわゆる「学歴」というのは、この人的ネットワークを活用するパスカードみたいなものです。そこで学んだ同期、先輩、後輩……クラスメートのみならず、クラブ活動でできた人のつながり……

中世においては、寺院・神社がこの役割を一部担っていました。戦国大名などの逸話でも、幼いころに寺院で修行したり生活したりする話が出てきますよね。寺社は村落共同体の中心、精神的拠《よ》りどころですから、多くの人々の交流の場でもありましたし、寺院によっては、僧が庶民に読み書きなどを教えていたところもありました。また、皇族・貴族の後継者にならない子たち、すなわち（嫡子《ちゃくし》以外の）庶子《しょし》などは、寺院に預けられて出家したり、その寺院の住職となったりしている者もいました。

つまり、彼らは、**朝廷とのパイプを持っている存在**でもあるのです。さらに、寺院・宗派内にはヒエラルキー（階層・序列）があり、僧たちは自分の修行した寺院・宗派内において、兄弟弟子の関係などから、寺院間の《横》や《縦》のつながりもありました。社会・経済・政治に、宗教は一定以上のネットワークを持っていた、ともいえます。

これが実は、「建武の新政」を実現させる前提となる鎌倉幕府滅亡に大きな役割を果たしました。

御家人の没落と新興勢力

鎌倉幕府の滅亡の背景について以前は、蒙古襲来時の恩賞が不十分で御家人《ごけにん》が窮乏した、という説明をよくしました。しかし、蒙古襲来の三十年以上前から、御家人の窮乏は始まっていました。現在では、御家人の窮乏と、蒙古襲来時の恩賞やその後の軍役負担増に対する不満は別にして説明します。

一二四〇年（第三代執権北条泰時《やすとき》のころ）、御家人に対して領地の売却を禁止する命令が出され、一二六七年（第七代執権北条政村《まさむら》のころ）には、領地を質入れすることが禁止され、質流れになっていた土地も、代金代償のうえ、取り戻させています。

文永の役が一二七四年ですから、いずれも蒙古襲来以前から御家人の窮乏が始まっていたことがわかります。

蒙古襲来後に幕府が衰退した、という説明も現在ではしていません。

御家人の窮乏と幕府の衰退は別で、幕府の権限はむしろ強化されています（鎮西探題が設置されて幕府の実質的支配が西国に及び、非御家人の動員権などを幕府は得ました）。

これに対して農村社会は大きく変化していきます。

二毛作や牛馬耕、肥料の使用などで生産性が高まりました。これは余剰生産物を生み出し、農民はその余剰生産物を売買して**貨幣**を手に入れ、さまざまな取引と社会的分業が始まって、商業・手工業が発達します。

昔からの中小御家人が没落していくいっぽうで、経済情勢の転換をうまくつかんで勢力を拡大する武士が生まれます。とくに農業・商工業の先進地域であった畿内やその周辺では、余剰生産物の売買で力をつけた荘官・名主などが台頭していきました（そのような中には、幕府の地頭も一部いました）。

「悪党」と呼ばれた人々

こうして荘園領主に対抗する地頭や非御家人の新興武士たちが成長し、武力に訴えて年《ねん》貢《ぐ》の納入を拒否するようになったのです。

彼らは「**悪党**」と呼ばれましたが、これは荘園領主たちの側からの呼称で（訴訟などの原告側の表現）で、みなさんがイメージする「悪党」とはずいぶんちがいます。また「悪」という言葉も、中世では現在の「悪」とは少しちがう意味がありました。「強い」「既存の価値観にはとらわれない」という意味です。

彼らの中には、地域によっては荘園領主や幕府の守護とも連携し、さらには皇族や朝廷の公家たちと協力関係を築いている者たちもいたのです。

この連携の橋渡しに、各地の寺院が関係していました。

菊水の紋

たとえば、**楠木正成**《くすのきまさしげ》です。家紋は「菊水」で、「水の流れ」が示しているように、南河内の小河川の運輸をおさえ、余剰生産物の運搬・売買で勢力を拡大します。また、彼の根拠地である千早赤坂《ちはやあかさか》には「赤」という色が地名についています。「朱」に関係が深い水銀の産地であったともいわれています。水銀は「朱」や「金メッキ」と関わりがありますから、ここから寺院や神社にも楠木正成はツテとコネを持っていたと考えられます。

楠木正成の支配地域の赤坂・千早一帯は、観心寺《かんしんじ》と関わりが深い地域で、楠木氏との関係も深い寺院でした。楠木正成が幼少のころ、ここで学んでいたという言い伝えも残っています。

観心寺は真言密教の寺院で、後醍醐《ごだいご》天皇の側近であった**文観**《もんかん》は、真言密教の醍醐寺の僧でした。のちの後醍醐天皇とのつながりがここから生まれたといわれています。

文観は大和国の般若寺《はんにゃじ》の僧をしていたこともあり、南都仏教との関わりもありました。また、京の法勝寺《ほっしょうじ》の僧・**円観**《えんかん》も後醍醐天皇の側近で、倒幕勢力として比叡山・興福寺などの僧兵を味方につけることに成功しています。

護良《もりよし》親王の薙刀《なぎなた》

後醍醐天皇の息子、護良《もりよし》親王（「もりなが」とも）は比叡山延暦寺の座主《ざす》でもあり、後醍醐天皇の二度目の挙兵（元弘《げんこう》の変）には還俗《げんぞく》して参戦、山伏姿に扮して幕府の追手から逃れた、といわれています。赤松《あかまつ》氏・村上《むらかみ》氏を率いて大和国の山岳部や高野山を拠点として幕府軍と戦っていますが、護良親王を助けたのは大和の山岳部の修験道の行者たちといわれています。

後醍醐天皇を、台風の目のごとく、いく筋もの流れを持つ《渦《うず》の中心》と考えるか、流れ出たいく筋もの河川が後醍醐天皇のもとに《注ぎ込んだ》と考えるか……

倒幕から建武の新政の時期については、この二つの考え方があります。ちなみに、わたしは後者だと考えていますが、そうした奔流の一つ、護良親王はとりわけ鎌倉末期の中でも異彩を放つ人物でした。

子どものころ、伯父から不思議な話を聞いたことがあります。

「京都の三千院に、護良親王の薙刀《なぎなた》があるんやけどな……あんまり知られてないんよ」

へ〜、という薄い反応しか当時のわたしにはできませんでした。護良親王が後醍醐天皇のお子さんで、鎌倉幕府を滅ぼすために戦った人物である、ということは知っていましたが、それと「三千院の薙刀」と、どう結びつくのか、さっぱりわからず……

長じて、中学生・高校生となっても、三千院に護良親王の薙刀がある、というような話も聞かず、そんな重要なものなら展示でもされているのかと思っていましたが、そんなものがあったような感じもなく……

ところが一九九七年、この薙刀が新聞にとりあげられていたんですよ！

三千院で護良親王の薙刀が「発見」されたらしい……といっても、実は三千院では前から展示していたらしいのですが、なんだかニセモノの臭いがプンプンしていたらしく、あんまりちゃんと展示されていなかったようなんですね。

「発見」というよりも、ちゃんと「鑑定」に出したら、鎌倉時代中期の薙刀であることがわかったようです。

刀剣には魔性がある……

とは、よくいわれるところで、じっと見つめていると、なにやら深～いところに引きずり込まれるような、不思議な（妖しげな）感覚にとらわれます。ましてや護良親王のものだと思うと、その感覚はなおいっそう強いものとなります。

護良親王は比叡山の天台座主から還俗して武者たちを率いて倒幕運動を展開しました。近畿の山中を放浪しつつ、反幕府勢力（悪党たち）を糾合し、幕府滅亡後は、征夷大将軍（兵部卿兼任）となります。

「糾合」を象徴する絵

さて、「護良親王・肖像画」と検索すると真っ先に出てくる絵があります。

それは「四人」の武者の絵（223ページ参照）。一人は馬上。三人は徒歩《かち》。馬上の人物が護良親王なのですが、この絵がなかなかに「おそろしげ」な感じがします。護良親王が率いている武者たちは、それぞれ三種の武器を持っており、

薙刀・太刀・槍……

肖像画には意味があります。「薙刀」は《僧兵》、「太刀」は《武士》、そして「槍」は《野盗や山岳民などの兵《つわもの》》。これらをそれぞれ象徴していると思うのです。僧兵・上級武士・下級武士、それぞれを味方につけている、ということを示唆《しさ》しています。

三人の徒歩の武者たちの顔はいずれもおそろしげで、むしろ下品な印象もあります。こういう者どもを率いて、親王は戦いを展開していたんでしょう。

楠木正成や赤松一族は、現在の研究では護良親王派であったのではないか、と考えられています。親王が失脚したのち、「新政」内で二人の地位が著《いちじる》しく低下していることからも、そのように考えるほうが自然な感じがします。

「雛鶴姫《ひなつるひめ》」伝説

さて、馬上の人物……異質なほど色白で、そうして弓の弦《つる》をくわえている、という構図

が印象的です。以下は伝説ですが……


山中を部下と放浪していたときのことです。山伏というか、修験者に身をやつして、ある村を通りかかりました。その村の長らしい人物が、

「母が病で苦しんでいます、なんとか助けてもらえませんか」

と、訴え出てきました。

修行僧たちは、法力で病を癒す力がある、と思われていた時代です。親王は、その村の長の屋敷に行き、そうして病に苦しむ村の長の母の枕元で、お経を誦《じゅ》しました。

そのお経の見事さ、朗々とした声の響きに村の長はおどろきます。いや、修行僧とも思えぬ透《す》き通るような白い顔（修験者は日焼けしてたいていは浅黒い）と漂《ただよ》う気品から、村の長は「この御方はただものではない」と考えていたのですが、そのことを確信しました。

なんと、そのお経の効き目はバツグンで、母の病はたちまち癒《いや》された、といいます。

「いったい、どういうお方でございましょう」

と問う村の長に、従者の一人が正体を明かします。

「前《さき》の天台座主にして、帝《みかど》の親王であらせられる」

絹本著色伝護良親王出陣図（個人蔵）

村の長は、おどろき平伏し、一族および村をあげて親王を支援するようになりました。そして娘を親王に嫁がせ、以後、親王はこの娘を寵愛することになった……

史実か伝説かは不明なところも多いのですが、この娘が「雛鶴姫《ひなつるひめ》」。のちに、親王が謀殺されたとき（後述します）、親王の首をかかえて都に届けようとした女性がこの人である、ということです（このあたりも諸説あります）。

「修行僧とも思えぬ透き通るような白い顔」

荒武者どもを率いる馬上の人物は、まさにこのお顔、というところでしょうか。弓弦《ゆづる》をくわえる（なめる）この肖像画の親王の目は、三人の徒歩武者とはまったくちがう、まるで死をみつめているかのような妖しい描かれ方をしています。のちの「悲劇」を予感させるような……

なぜ親王は謀殺されたか

護良親王は、足利尊氏《たかうじ》と対立し、尊氏暗殺計画を立てた、ということで捕縛《ほばく》され、鎌倉に送られて土牢《つちろう》に監禁された、といわれています。当時、北条高時《たかとき》の子、**時行**《ときゆき》（中先代《なかせんだい》）

が鎌倉で反乱を起こしました。そうして鎌倉を攻撃し、足利尊氏の弟・直義《ただよし》が防戦するものの敗れてしまいます。時行は「執権」の子であり、護良親王は前の「征夷大将軍」……もし、護良親王が北条時行に捕えられ、親王を「将軍」とし、時行みずから「執権」を称すれば、宮将軍《みやしょうぐん》（親王将軍）を擁立した、前・鎌倉幕府の復活が実現してしまいます。

いや、建武の新政への不満から、鎌倉幕府への回帰をもとめている武士たちもたくさんいたわけで、擁立された人物が後醍醐天皇の親王となれば、この反乱は成功する可能性もありました。政治的嗅覚《きゅうかく》のするどい足利直義は、この「事態」と「未来予想」を十分できました。こうして護良親王は、直義に遣《つか》わされた**淵辺義博**《ふちべよしひろ》（「ふちのべ」とも。神奈川県の

護良親王に手をかけようとする淵辺義博《ふちべよしひろ》
（歌川国芳筆『武勇五行　戊　大塔宮』）

淵野辺《ふちのべ》の土豪）によって殺される、ということになります。

……で、先の「雛鶴姫」の話です。当時、護良親王の子を宿していたといわれています。雛鶴は、斬られた親王の首を抱き（淵辺は護良親王の死に顔のおそろしさに首を放置したとも）、現在の横浜市の戸塚《とつか》にある井戸で首を洗い清めた……といわれています。

妊婦《にんぷ》が愛する人の血まみれの首をかかえて井戸で洗う……おそろしげでもあり、哀しげな光景でもあった、といえます。

異形の肖像画を解読する

さて、肖像画といえば、後醍醐天皇にも有名な肖像画（左ページ参照）があります。

この後醍醐天皇の肖像画ほど〝情報量〟の多い肖像画はありません。清浄光寺《しょうじょうこうじ》（神奈川県藤沢市にある時宗《じしゅう》総本山のお寺です）に所蔵されているものが有名で、多くの教科書で取り上げられているものです。

ただし、案外と全体像を見たことがない人もいるかもしれないので、ちょっと説明いたしますと、まず、背後には大きな文字が書かれた紙が三枚、垂れ幕のように貼りつけられています。

向かって右から、

「八幡大菩薩」
「天照皇大神」
「春日大明神」

「三社託宣思想」というのがあります。八幡大菩薩が「清浄」、天照皇大神が「正直」、春日大明神が「慈悲」を意味している、というのです。わたしの伯母などは、「後醍醐天皇

絹本著色後醍醐天皇画像（清浄光寺［神奈川県藤沢市］蔵）

のお人柄を表しているんやで」と申しておりましたが、単純に、

「八幡大菩薩」＝武士

「天照皇大神」＝天皇・皇族

「春日大明神」＝貴族（藤原氏）

をそれぞれ象徴していて、この三つを天皇が統《す》べるのが「建武の新政」なのだ、ということを示していると、わたしは考えておりました。ただ、この「張り紙」は、この肖像画にはもともとなかったようで、のちに貼付されたものと考えられています。

さて、後醍醐天皇のお姿なのですが……当時の天皇のご衣裳とは、ずいぶんとちがいます。頭になんだか、ぶらさがっているものがたくさん付いている冠は、

「冕冠《べんかん》」

と、呼ばれるもので、中国の皇帝がかぶるものです（左ページの右上参照）。あたかも、奈良時代の天皇のような感じ。そして、そのてっぺんには、真っ赤な日輪が描かれている。中世において「真っ赤な」日輪とともに描かれている天皇、というのは美術史的にも珍しいものです。というのも、これは奈良時代どころか、飛鳥時代の聖徳太子の時代によく

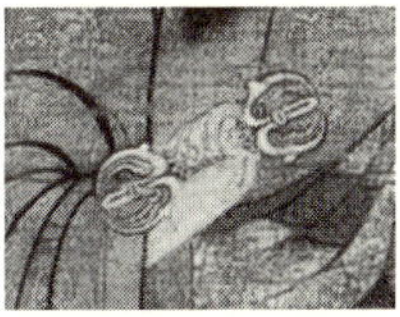

使用されたもので、天武天皇以後、天皇とともに描かれる「日月」は、金と銀で描かれるようになったからです。

南北朝時代は「第三次・聖徳太子ブーム」のときなので、

《日輪を「赤」に描く》

という「復古的」なことがおこなわれたのかもしれません。ちなみに聖徳太子ブーム、「第一次」は奈良時代（光明皇后が聖徳太子にならって悲田院や施薬院をつくりました）で、「第二次」は平安時代の浄土信仰の時代（慶《よし》滋《しげの》保胤《やすたね》の『日本往生極楽記《にほんおうじょうごくらくき》』の中で最初の往生として聖徳太子を紹介しています）。

さて、お召し物をチェックいたしますと……

「黄櫨染御袍」

ん？？？　なんだこりゃ？？？　となりそうですが、「こうろぜんの ごほう」と読み、天皇しか着ることが許されないものです。で、その上から袈裟《けさ》をかけられていて、左右のお手には、杵《しょ》と鈴《りん》（上の左と中央参照）という密教の仏具を持たれておられます。

座する畳のふちには「獅子」が描かれ、敷物は「蓮」。蓮の上に坐する、というのは、天皇ご自身が、あたかも曼荼羅《まんだら》の中心の大日如来であるかのよう……

《神》なの？　《仏》なの？　《皇帝》なの？

という、ものすごいお姿で後醍醐天皇が鎮座されているわけです。

そもそも、このお姿、

《仇敵調伏の祈祷をなさっているもの》

とはよくいわれるところです。密教の呪法と祈祷によって、鎌倉幕府を倒す！　という意志をしめしていると、よく説明されるときがあるのですが、じっとこの肖像画をみつめていると、そんな猛々《たけだけ》しい印象は伝わってこないような気がします。穏やかで上品で、なにやらご満悦という感じのご表情です。

やはり、武士・皇族・貴族を束ねた新しい政治をおこなう、そして、それを実現できたのだ、というような「**建武の新政**」**そのものを示している絵画**のように思えます。

【6】室町時代②

縁日と定期市

──宗教が日本の経済を支えた！

エンニチとはなんぞや

子どものころ、「縁日」が楽しみでした。

あくまでもわたしの思い出の中での話ですが、昭和の三十年代から四十年代くらいは、なかなか縁日が盛んだったように思います。なにせ子どもがたくさんいた時代ですから、大人たちにとっても子どもを楽しませるイベントとして「縁日」は欠かせないものでした。

綿菓子、天津甘栗、たこ焼き、焼きそば、お好み焼き……そうそう、りんご飴なんかもありました。あ、食べ物の話ばかりですね……えっと……金魚すくい、輪投げ、お面売り、植木売り、見世物小屋や、お化け屋敷なども出ていました。

ところで、そもそも「縁日」とはどういう意味なんでしょうか。

「縁日」は、そのお寺や神社にまつられている仏さまや神さまに**ご縁のある日**のことで、仏さまの供養や神さまの祭祀がおこなわれる日のことでした。

で、当然、それぞれの神さま、仏さまを信仰する人々がお参りに行く……その神仏に「縁」を結ぶことを期待して（あるいは縁が結ばれると寺社の側も説明している場合もあるので）多くの人々が集まりました。

罰当たりな表現で申し訳ありませんが、神さま、仏さまにも庶民に「人気」の方々がおられまして……お地蔵さま、観音さま、お不動さんのクラスになりますと、本来のご縁日以外にも、下一桁の数字が同じ日も「縁日」となって人々が集まり、お寺がにぎわうようになります。

害獣から大出世したねずみ

ちなみに「縁日」は《日にち》で定められている場合と、《十干十二支《じっかんじゅうにし》》で定められている場合があります。

「甲子《きのえね》（こうし・かっし）」は大黒天。昔から、大黒天さまを信仰すると食べ物に困らない、という伝承があります。米俵の上に座しておられる大黒さまの像や絵は有名ですね。

そういえば、大黒天の使いは「ねずみ」といわれています。

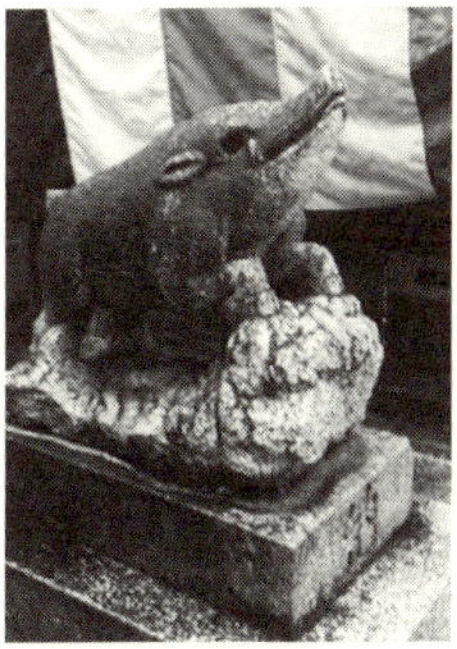

摩利支天の狛犬《こまいぬ》ならぬ
狛イノシシ（著者撮影）

二代目・歌川国輝《うたがわくにてる》の浮世絵『家久連里《かくれさと》』に
描かれた、擬人化されたねずみたちと米俵

米俵には、ねずみがやってくるから？

とは、早合点。由来は古く『古事記』にも出てきていて、オオクニヌシノミコトが焼き討ちされたときに、「ここに隠れてください！」と危機を救ったのがねずみさんでした。オオクニ（大国）が音読みで「だいこく」と読めること、ともに豊饒の神と信じられたことから、大黒天とオオクニヌシが同一視（習合）されるようになりましたが、そのいっぽうで、

大黒天＝「黒」。黒といえば、
神獣の「玄武《げんぶ》」が黒色。玄武といえば、
方角は「北」。北といえば、
十二支では「子《ね》」の方角。つまり「ねずみ」

……という壮大な連想ゲームから、ねずみが大黒天の使いになっちゃった、ともいわれています。

ねずみは本来、農耕民にとっては害獣のはずですが、子どもがたくさん産まれることから子孫繁栄、また、

災害を予知して逃げ出すところから、危機を知らせてくれる動物、ということで「害獣」から「神さまの使い」と評価が一八〇度転換するようになりました。

そもそもが、豊かに米が実らなければ、ねずみはやって来ません。

ねずみが来ることは、富裕の証《あかし》でもありました。農業生産が高まり、「余剰生産物」が増えてきた鎌倉・室町時代に《ねずみも「格上げ」された》と考えたら、おもしろいかもしれません。

ほかにも、毘沙門《びしゃもん》さんは「寅《とら》の日」。弁天さんは「巳《み》の日」。お稲荷《いなり》さんは「午《うま》の日」です。また、京都の祇園《ぎおん》、建仁寺《けんにんじ》（地元では「けんねんさん」とも）に「摩利支天堂《まりしてんどう》」がありますが、狛犬《こまいぬ》の代わりに入り口にはイノシシの像（前ページ参照）が置かれています。摩利支天は「亥《い》の日」がご縁日。

「フーテンの寅さん」で有名な柴又帝釈天《しばまたたいしゃくてん》（東京都葛飾区）は、帝釈さんだから「庚申《かのえさる》（こうしん）の日」がご縁日となります。奇数月に一回、よって年六回、縁日が開かれているわけですね。

あ、もちろん、柴又帝釈天さんの場合は、「寅さんの日」なんてのが毎月十日にあるようです。国民的人気のキャラクターにも「ご縁日」が生まれちゃいました。

余剰と落差が「通商」を生む

あたりまえですが、コンビニでも飲食店でも、出店のほぼ絶対条件に、

「人が集まる場所」

というのがあります。駅前、高速道路の出入り口、大きな道路に面した場所……など。

鎌倉時代から室町時代にかけて、農業生産を高める工夫が進みました。

鎌倉時代に始まった**二毛作**は、室町時代には近畿地方から全国へ普及し、近畿地方では**三毛作**も始まりました。草木灰はもちろん、人糞尿なども肥料化されていきます。

鎌倉時代後半からは鉄製農具や牛馬耕も広がり、室町時代には鎌倉時代から現れていた職人たちが大幅に増えていきます。鍛冶《かじ》・鋳物師《いもじ》（「いものし」とも）・紺屋《こうや》（「こんや」とも。染物屋のことです）は室町時代には各地を渡り歩いて仕事をするようになります。

農業生産が高まると、余剰生産物が生まれます。余ったものはどうするか……

「あるとこ」「ないとこ」の落差は《通商》をもたらします。

農村部では農作物が**余る**→都市部では食料の消費が多いので農作物が**不足する**→

農村から都市へ農作物が**運ばれ**、それを貨幣で農民から**買い取る**……

こういう流れです。また、手工業原料として江戸時代に「四木三草《しぼくさんそう》」といわれて普及していた作物の栽培も始まりました。「四木」とは、桑《くわ》・楮《こうぞ》・茶・漆《うるし》。「三草」とは紅花《べにばな》・藍《あい》・麻《あさ》ですが、これらに加えて室町時代には「苧《からむし》」（繊維を糸にして布を織る）なども栽培されるようになりました。近畿地方では年貢の**銭納**《せんのう》もみられ、農村での加工業が始まって《商品》が誕生します。荏胡麻《えごま》の栽培は「油」の商品化も進めました。

どこで売るか、いつ売るか

で、これらをどこで売るのか、ということになると、「人の集まる《場所》」と「人の集まる《時》」が重要になります。

いつの時代も「人・時・場」を統合することができた者が経営者として成功した者……というわけで、荘園・公領の中心地、交通の要地、そして寺社の門前が三大マーケットとなります。

寺社の門前では、商人たちは「縁日」を利用します。村・町・寺社が一体となって祭礼が営まれますから、当然「その日」に「人が集まる」わけです。ここをビジネスチャンスと捉えない商人はおりますすまい。

寺社の門前、あるいは寺社の荘園がある交通の要地などでの商売は当然、寺社の許可が必要です。多くの商人たちが寺社から「お墨付き」をもらって「その場」「その時」に商売をしますが、その商人たちからみて許可を出してくれている寺社を、

「本所《ほんじょ》」

といいました。すでに平安時代の後期から、経済先進地域であった京都・奈良の商工業者たちは、寺社などから製造・販売についての特権的な許可を得ていました。鎌倉時代になって、それをもとにして同業者団体の「座」が生まれます。

座の構成員たちは（とくに神社などの場合）「神人《じにん》」と呼ばれ、石清水《いわしみず》八幡宮を本所とするのが、大山崎《おおやまざき》の「油座《あぶらざ》」でした。油の独占販売とそもそもの原料である荏胡麻の独占購入を認められていました。北野天満宮を本所とする「麹座《こうじざ》」、祇園社（八坂神社）を本所とする「綿座《わたざ》」なども、よく例にあげられます。

鎌倉時代から室町時代にかけて、定期市がさかんにおこなわれるようになりました。特産品、手工業製品の売買によって年貢を納めるのに必要な銭の獲得から、定期市の数は増えていきます。「定期市」の定期性が生まれるきっかけ、回数の増加は、これら寺社の「ご縁日」と関係があったようにも思えます。

【6】室町時代③

「一揆」をめぐる誤解をとく

——宗教が生んだ？ 日本の「民主」主義

あえて「公私」混同？

みなさんのご家庭ではどうだったでしょうか。

お中元やお歳暮、いただき物など、神棚や仏壇にいったんお供《そな》えしてから、あらためて開封したり食べたりしていませんでしたか？

まずは仏さんにお供えしてから……、神さまにお供えしてから……

これ、よく考えてみると巧《うま》いシステムだと思いませんか？ いったん神仏に供えてからいただくと、神さまや仏さまからもらったことになりますよね。私物がいったん公《おおやけ》のものとなり、あらためて私物となる……

これが《「私」から「私」へ》ストレートだと、与えた側と、与えられた側に、主従・従属関係が生まれかねない……

世界史の中でも、初期の神権政治は、王＝神（あるいは王＝神官）という形式で、支配（税の徴収）をおこない、それを再分配するという方法をとっていました。

神による利益の再配分です。多く納めた者も、少ない収穫しかなかった者も、いったん「神」＝「公」に納めて配分すれば、集団内の均等化がはかられ、配分者＝神＝王の絶対化がはかられます。

神事を通して農作業を進めるというのも、《いったん神さまにお供えして、みんなで分ける》のと同様でしょう。共同体の中心に神仏が据《す》えられていることにより、共同作業の団結や集団内の対等な関係が生まれます。

実際、神社などの祭礼をおこなう「宮座《みやざ》」と呼ばれた祭祀集団が、村の結合の中心となりました。農耕などが祭祀と関わりが深いことから、その村の指導層と村の有力者が重なる場合が多かったからです。

こうして、祭礼・神事としての農作業などを通して、村民のつながりが深くなっていきました。村に関する事柄は「寄合《よりあい》」と呼ばれる村人の会議で決定され、乙名《おとな》・沙汰人《さたにん》などの村の代表者が集まり、村人の守るべき**きまり**（村掟）を定めました。

「寄合」が開かれる場は、神社や寺院である場合が多く、神仏に誓う形で掟を定めたり、不公平のない裁定を決めたりしました。籤《くじ》で決定する、という場合もみられましたし、山川林野の入会地《いりあいち》（共同管理地）からの収益は、神仏に奉納してから分配するようにしていました。このような村落共同体を「**惣**《そう》」あるいは「**惣村**《そうそん》」といいました。

一揆は「結ぶ」もの

さてさて、この時代を説明するときに欠かせないのが、

《一揆》

です。みなさんは、一揆というと、どのようなイメージをお持ちでしょうか。村人たちが共謀し、竹槍や鍬《くわ》などを武器にして、代官所を襲撃し、悪代官を殺害する……

時代劇などでは、江戸時代に年貢に苦しむ百姓たちが圧政に反発して立ち上がる、というようなイメージで演出されています。

これらは、誇張というか、誤りというべきか……

江戸時代の一揆は、実は現代の「デモ行進」に似ていて、ちゃんと一揆を起こすときのルールがあって、持ち物（鍬・鎌・むしろ旗など）も定められていた「合法的な」請願行為

だったのです。まして中世の一揆は、このようなものではありませんでした。そもそもが、「一揆」にくっつける動詞がちがいます。

一揆を「起こす」ではなく、この時代は一揆を「結ぶ」といいました。

話が飛ぶようですが、足利尊氏《あしかがたかうじ》は自らの親衛隊として、

「花《はな》一揆」

という集団を持っていました。饗庭《あえば》氏直《うじなお》（「うじただ」とも）という武将がいます。足利尊氏の近臣で、『太平記』では命鶴丸《みょうづるまる》あるいは命鶴という表現で出てきます。尊氏親衛隊とでもいうべき兵団の第三部隊で、これが「花一揆」なのですが、この隊長に任命されました。

「一揆」という言葉を聞くと、すでに申しましたように、年貢に苦しむ農民たちが起こす「騒乱」、というイメージをもってしまうのですが、「一揆」というのは、**志を同じくするものが団結した集団**のことを広く指しました。

ですから「花一揆」というのは、「親衛隊『花』組」という感じです。なぜ「花」なのかというと、この第三部隊は、兜に梅の枝をかざしていたからで、武装もずいぶんと金をかけた美しい（おそらく色を統一した）ものだったそうです。

神のもとの連帯と平等

このように中世の「一揆」は共通の目的を実現するため、構成員が平等な関係をつくっていた集団、あるいはその行動というようなものでした。

農民だけに限らず、事にあたって武士も僧侶も一揆を結んでいます。

教科書でとりあげられるのは、まず「**土一揆**《つちいっき》」。

幕府に対して徳政令を出すように要求するもので、一四二八年の「正長《しょうちょう》の徳政一揆」、一四四一年の「嘉吉《かきつ》の徳政一揆」が有名です。

また、「**国一揆**《くにいっき》」と呼ばれるものもあります。守護大名どうしの争いから地域の秩序や自分たちの生活を守るために地域の武士や農民が広く一揆を組織したものです。一四八五年に、両派に分かれて対立していた畠山《はたけやま》氏を南山城（京都府南部）から退去させた「山城の国一揆」が有名です。

一揆は「揆《みち》を一つとする」という意味です。また「揆」はほかに「揆《はかる》」とも読みます。「一つにはかる」という意味もあります。志を同じくし、参加する人々はみな対等である、ということが前提でした。

《連帯と平等》。当時の人々はこれを「一味同心《いちみどうしん》」と称していました。その紐帯《ちゅうたい》の役割を果たしているのが神社でした。参加する者は惣村内の神社の境内に集まります。そして「起請文《きしょうもん》」の裏に署名をします。

ここからがおもしろいのですが、それを焼いて灰にします。そして、その灰を神さまに供えていた水に混ぜ、参加者全員で回し飲みしていくのです。これを「一味神水《いちみしんすい》」といいました。後年、武士たちにもこの方式が広がり、戦《いくさ》の前の「水杯《みずさかずき》」へとつながっていった、ともいわれています。

また、荘園領主などへの訴え状（百姓申状《ひゃくしょうもうしじょう》）も、このような神前で書かれた起請文で、その形式には「傘連判《からかされんぱん》」という、円形に署名を並べる方法がとられていました。燃やして灰にした起請文の署名も、円形に署名が連ねられていたと推測できます。かつては一揆の首謀者がわからないようにするため、と説明されましたが、現在は「連帯・平等」を示すものである、という解釈に傾いています。

一揆や惣村の制度を「民主主義」とはもちろん言いすぎですが、「連帯と平等」の意識が村々に浸透していたことは確かで、その結びつきには《村人の信仰》が大きな役割を果たしていたといいえます。

【6】室町時代④

「一向一揆」をめぐる誤解をとく

――一向一揆は日本の十字軍？

「いっしょにされたくない」

室町時代の一揆を説明するのに欠かしてはならないのが、中世後期において大きな力をふるった「**一向一揆**」です。

ところで、この「一向一揆」という言葉なのですが、実はこれは当時の表現ではありません。江戸時代に、徳川草創期の三河国（愛知県東部）で起こった一向門徒の起こした一揆を振り返って説明したものが始まりのようです。近代に入ってから、専門家たちが学術用語として説明するようになって、教科書に採用されたようです。

三十歳以上の方々は、一向一揆は二つのイメージで、学校で教えられているかもしれません（なによりわたしもそうでした）。

まず一つは、「一向一揆の本拠地は本願寺」である、という考え方です。本願寺を全国の一向門徒のネットワークの中心とし、本願寺が各地の惣村の指導者を門徒にすることで（あるいは一向門徒が指導者となることで）一村あげて一向宗の信者としていた、というものです。

そしてもう一つは、そういう宗教的なつながりを基盤としつつも、いわば下剋上《げこくじょう》の表現として、あたかも階級闘争のように（十六世紀のドイツ農民戦争をエンゲルスがそのように説明したように）農民が支配者に立ち向かって自治を獲得する「農民戦争」という性格を持っていた、という考え方です。

大学生のころ、中世史の講義を受けるにあたって、あらかじめ『岩波講座 日本歴史 第八巻』（一九六三年版）を読んでおくように教授からいわれたことがありました。で、あれ？？ と驚いたのですが、一向一揆を本願寺が掌握しておらず、本願寺と一向一揆が求める利害が一致していなかった、という説明が出てきたんです。

そういえば、本願寺そのものは「一向宗」と呼ばれることを嫌い、「真宗」というように自称しています。まるで「一向一揆といっしょにしないでくれ」というアピールをしているかのようです……

もちろん、段階的に理解する必要があると思います。最初は一向宗の信仰の広がりから惣村をコントロールできていた、しかし、やがて本願寺も、ほかの大寺院のように荘園領主となり、幕府や朝廷、その他世俗の権力と接近するようになると、惣村の信者たちとやがて対立していくようになる……

となると、本願寺の手をはなれて、惣村の人々が本来の浄土真宗の教えとは別に、いわば宗教を仮面として封建領主、世俗権力と対抗して年貢の減免を求めたり、自治を要求したりする「農民戦争」として説明するのがよい、というふうになりそうです。

実際、よく一向一揆に掲げられる、

「進むは極楽、退くは地獄」

というスローガンは、阿弥陀仏のために戦えば極楽に行ける、といっているようなものです。

これ、よく考えれば、浄土真宗の教えとは矛盾しますよね？

親鸞の教えは、信仰こそ大切。

阿弥陀仏を信仰すれば極楽往生が約束されているのですから、極楽往生のために一揆に参加する、というのでは、これは「他力」ではなく「自力」になってしまいます。

一向一揆はやはり、実は一向宗（真宗）という宗教とは無関係な、階級闘争的な農民戦争と理解すればよいのでしょうか……

でも……なんだか腑に落ちないんですよね。

本願寺と一向一揆はほんとに無関係なのか……一向一揆は宗教とは関係がうすい農民戦争だったのか……ずっとモヤモヤしていました。

後年、織田信長と戦うことになる本願寺は、あきらかに一向門徒たちを動員し、石山合戦を展開しています。また、加賀の一向一揆は「百姓の持ちたる国」と呼ばれ、ほかの一揆とは比較にならないくらい長期間支配を保ってきました。一揆に与えた一向宗の強い宗教性を無視できないのではないか……

似て非なる十字軍と一向一揆

唐突ですが、十一世紀から十二世紀、ヨーロッパにおこった十字軍運動と、ちょっと重ね合わせて考えてみました。

十字軍は、聖地イェルサレム奪還のために、教皇ウルバヌス二世が提唱したものですが、教皇はどのような宗教的根拠で十字軍参加を呼びかけたのでしょうか。

キリスト教を信仰する者たちが、軍に参加し(軍を構成し)、聖地を異教徒から取り返すことが、どのような教義にかなうことであったのか……

むろん、教皇は地上における神の代理人ですから、教皇がやるといえばやるのでしょうが、一面、宗教はタテマエが必要です。十六世紀の宗教改革では、贖宥状《しょくゆうじょう》の発行がルターの憤激をまねき、「九十五ヵ条の論題」を掲げさせるきっかけとなりました。

贖宥状とは免罪符、という名称がかつては日本の学校教育で紹介されていたものです。救済されたければ積善、つまり善行を積まなくてはならない、という（なんとなく民衆には理解しやすい）考え方があり、その「積善」の行為を、教会への寄付や奉仕活動、にスライドさせることにより、寄進＝善行とさせて贖宥状を発行し、「集金」させたものです。十字軍は、この「善行」を「聖地奪還の戦争への参加」と位置づけて参加を促し、これをもって「贖宥」としました。

つまりは「自力救済」です。

あるお坊さんから聞いた話ですが、浄土真宗には「**報謝行**《ほうしゃぎょう》」というのがあるそうです。浄土真宗は、先ほどの矛盾を「報謝行」によって解決していると考えられます。親鸞の教えでは、南無阿弥陀仏と唱えて阿弥陀仏にすがりさえすれば、極楽浄土が約束されてしまう……それ幸いにと、悪いことをしても極楽に往《ゆ》ける（憎悪無碍《ぞうあくむげ》）と考えてしまう不逞《ふてい》の輩《やから》が出ないとも限りません。

そこで極楽に導いてくださる阿弥陀仏の無限大の慈悲に対する感謝を表す行為として出

てきたのが「報謝行」です。

すなわち、この素晴らしい念仏を、

自ら礼拝するのも「報謝行」、
他人に勧《すす》めるのも「報謝行」、
他人に施《ほどこ》すのも「報謝行」……

これを「阿弥陀仏のための（信仰のための）戦いへの参加」と位置づけてスライドさせれば、親鸞の教えと一向一揆の軍事行動の矛盾を整合させられます。この部分こそ、十字軍と一向一揆が似て非なるところでしょう。

中心の《保守化》、周辺の《過激化》。

しかし、だからといって中心を失えば周辺は存在できない……

本願寺と一向一揆の関係はそのようなものだったのではないでしょうか。

【6】室町時代⑤

ザビエルを悩ませたもの

——日本での布教に手応えはあったのか

教科書が肖像画つきで紹介

来日外国人で最も有名な人物の一人が、フランシスコ＝ザビエルでしょう。多くの教科書に肖像画つきで紹介されています。あの肖像画は、推測の域を出ていませんが、狩野派《かのうは》の日本人が描いたものではないかといわれているもので、現在は神戸市立博物館に現存しています。

ただ、サビエルの死後六十年ほどしてから描かれたものではないかと考えられているので、ザビエルご本人と似ているかどうかの保証はできません。また、「頭」のてっぺんが剃《そ》られているのはトンスラと呼ばれるものですが、当時イエズス会にはその慣例がなかったので、日本では「ザビエルの象徴」ともいえる「あの頭」は、実際とは異なると考えら

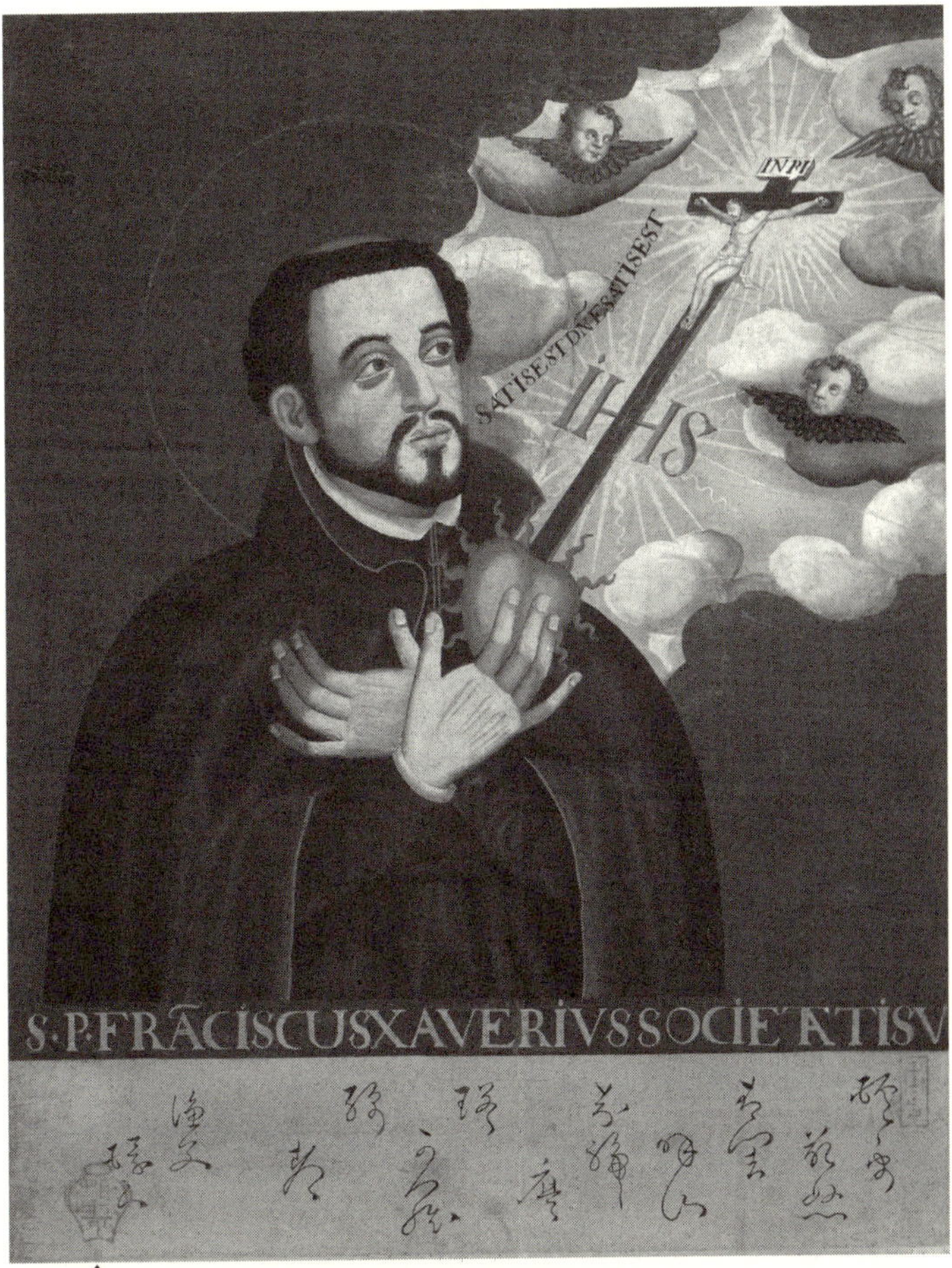

↑

聖フランシスコ＝ザビエル像（神戸市立博物館蔵）

左下のつぼの落款（押印＝矢印のところ）が狩野派によくみられるもので、「漁夫」というサインが洗礼名ペテロ（ペドロ）であることから、狩野源助の筆になるとの説もあるが、確実ではない。

れています。

ザビエルはヤジロウと呼ばれる日本人を連れて鹿児島に来日しました。ヤジロウについては諸説あって不明なところが多いのですが、罪を犯して日本におられなくなり、インドのゴアでザビエルに出会った、といわれています。サビエルの従者のように付き従い、日本でのザビエルの布教を助けました。

イエズス会は、現地の文化や慣習、住民たちの信仰をできるだけ尊重し、溶け込む形で布教をしていこうという姿勢を持っていました。十七世紀に中国（清《しん》）で布教が認められていたのも、こういうイエズス会の姿勢があったためですが、のちに布教を進めたドミニコ会がこの布教方法を否定し、清の康熙帝《こうきてい》はイエズス会以外の布教を禁止したほどです。日本でもイエズス会からドミニコ会へ布教の方法が移っていったあたりから、禁教への動きが活発になります。

比喩的に「神」を説明

さて、イエズス会は、すでにある現地の宗教の例から、比喩的に「神」を説明するところから入りました。ヤジロウは、「神」を日本人に説明したときに、「大日如来《だいにちにょらい》と同じようなものだ」と説明したのですが、これが「神」＝「大日如来」という誤解を生み、鹿児島の僧たちが仏教の一派と誤解した、という話が残っています。

ただ……はるか以前の六世紀、まさに日本が仏教に伝来したときも、物部氏にかぎらず、多くの豪族や大王も、「仏」も「神々の一つ」と考えて「蕃神《からかみ》」、つまり「外国の神」と理解していました。ですから、室町時代の日本人も、キリスト教の「神」もまた「神々の一つ」と理解したと思います。これが日本人の「寛容」の精神で、現在につながる、

《どんな宗教も受け入れる》

という精神ではなかったでしょうか。

ザビエルは、ヤジロウの説明のまずさから神と大日如来が同じと考えられてしまった、と思ったようですが、「一神教の概念」がそもそも伝わりにくい状況であったようです。

ザビエルは、その書簡からも明らかなように、日本人にたいへんよい印象を抱いており、

「今まで出会った異国の民の中で、最も優れている」

「親しみやすく善良で、おこないに悪意を感じない」

「名誉心が強い」


などなど、かなり好意的に説明してくれています。

ただ、この彼の感想はしだいに「悩み」へと変わっていきます。

日本人からの質問攻め

まず、日本の宗教の役割では「先祖供養」が大きな位置を占めていました。この「こだわり」にザビエルは困惑します。

「キリスト教を信じない者は救われない（地獄に落ちる）」という話を聞き、人々は大いに落胆し、嘆き悲しむ者がたくさん出た……

とザビエルは書簡に記しています。

「お布施《ふせ》や祈祷で地獄にいる先祖を救えないのでしょうか？」

とザビエルに問う人たちがいたようです。

当時の日本人は、なかなかに論理的で、

「神が善ならば、どうして悪魔も造ったのか？」

「地獄に落ちた者は永遠にそこにいなければならないとしたら、神は慈悲を持っていないことになり、とても善であるとは思えない」

といった意見もザビエルに投げかけていたようです。

イエズス会の創始者、イグナティウス＝ロヨラに宛てた手紙にも、

「日本人の質問に答えるためには、学識ある神父が必要です。哲学ができて弁証法にすぐれた人で、しかも僧侶との討論で矛盾をすぐに指摘できる人が必要です」

と記しています。

一部に、ザビエルは「精も魂も尽き果てて日本から去った」という言説もみられますが、書簡をそのまま読む限り、

「わたしの生涯でこれほど霊的な満足感を得たことはない」

「不信心な者たちと議論しても主なる神はつねに勝たせてくださった」

と記されているので、ザビエルは日本への布教に手応えを感じていたことがわかります。

蛇足の後日譚

以下は蛇足です。ザビエルが忌《い》み嫌った日本の武将の慣習に、

「男色」「寵童《ちょうどう》」

があった、という話なのですが、おそらくこの話のソースは、ルイス＝フロイスの『日

本史』に記されているサビエルのエピソードだと思います。山口の守護大名・大内義隆《おおうちよしたか》が若い男を侍《はべ》らせていたのをザビエルが咎《とが》めて「男色は豚より穢《けが》らわしく、犬畜生より道理を弁《わきま》えぬ」と主張し、怒った義隆がサビエルを退出させた、というものです。

ルイス＝フロイスはザビエルが死んでから十年後に来日している人物ですし、彼の人物評は、信長にせよ、秀吉にせよ、明智光秀にせよ、ちょっと虚構や誇張が多いので、にわかに信じられません。

サビエル自身の書簡では、義隆は熱心に話を聞き、終わったあとは見送りにまで出た、と記されています。京都からサビエルは山口に戻っていますし、義隆は山口でのザビエルの布教を認めています。両者の関係は良好でした。

しかし、大きな事件が起こります。ザビエルが山口で布教したのち、一五五一年九月、豊後《ぶんご》の大友宗麟《おおともそうりん》からキリスト教の布教の許可をもらったまさにその月、義隆が家臣の陶晴《すえはる》賢《かた》に暗殺されたのです。いわゆる戦国時代の下剋上の一コマです。また、皮肉なことに、ザビエルが豊後で広げた「神の教え」は大友宗麟の家臣団の分裂をもたらし、九州の戦国時代の火に「膏《あぶら》」を注ぐ結果となってしまいました。

【7】安土・桃山時代

《日本の文化が神仏から解き放たれた時代》

「この城は日本にある最も壮大なもので、人工の極致《きょくち》であり、欧州の最も壮麗な建築にも比べられる」信長が築城した安土城を見た宣教師ガスパル＝クェリョの言葉です。異国人の度肝《どぎも》を抜いた城郭建築に代表される安土・桃山時代は、まさに日本のルネサンス、人間性回復の時代だったのでしょう。分裂と統合が歴史の反復ならば、統合へと動き出した時代……現世利益は「願う」ものから「自ら摑《つか》みとる」ものとなりました。このころ出現した新興大名や豪商は、欧州文化やキリスト教と接触します。彼らの進取の気性と相俟《あいま》って、日本の文化は神仏から解き放たれることになった、ともいえます。

【7】安土・桃山時代①

日本のルネサンス
——「神々と仏」から「人間」中心へ

画期としての桃山文化

学校の歴史の教科書をあらためてみてください。小学校の教科書でも、中学校の教科書でもかまいません。とくに「文化」についての項目です。

飛鳥時代から江戸時代までの「日本の文化」を並べてみますと……

「飛鳥《あすか》文化」（聖徳太子のころ。法隆寺の建築など。七世紀前半）
「白鳳《はくほう》文化」（高松塚古墳の壁画など。七世紀後半～八世紀はじめ）
「天平《てんぴょう》文化」（記紀・万葉集の編纂、奈良の大仏など。八世紀）
「弘仁《こうにん》・貞観《じょうがん》文化」（最澄や空海、密教の興隆など。平安遷都～九世紀末）

「国風文化」（寝殿造り、宇治平等院鳳凰堂など。平安中期～後期）
「院政期の文化」（絵巻物、軍記物、中尊寺金色堂など。平安末期）
「鎌倉文化」（鎌倉仏教の興隆、大仏様・禅宗様・和様の建築など）
「北山文化」（金閣寺など。室町幕府三代将軍・足利義満のころ）
「東山文化」（銀閣寺など。室町幕府八代将軍・足利義政のころ）
「桃山文化」（織豊《しょくほう》政権のころ。茶の湯の大成など。十六世紀後半）※本項で詳述
「寛永《かんえい》期の文化」（朱子学の発展など。江戸時代初期、十七世紀初期～中期）
「元禄《げんろく》文化」（上方〔京都・大坂〕が中心。十七世紀中期～十八世紀はじめ）
「宝暦《ほうれき》・天明《てんめい》期の文化」（徳川家重・家治のころ、いわゆる田沼時代。十八世紀中期）
「化政《かせい》文化」（江戸が中心。文化・文政年間。十八世紀末～十九世紀はじめ）
「幕末の文化」（江戸時代末期、一八五四年の開国から維新直前まで）

これらの、教科書に掲載されている写真・資料などを眺めていると、あることに気づきませんか？「飛鳥文化」から「東山文化」で紹介されている建築と彫刻なんですが、

建築は、**ほぼ寺院**
彫刻は、**ほぼ仏像**

ではないですか？

ところが「桃山文化」以降、突然、寺院と仏像が消えていませんか？　江戸時代の文化で仏像なんか学校で習った記憶あります？（なんか、というのも失礼ですが）

すなわち「桃山文化」からは、

「人間の回復」

がみられるのです。いわば「日本版ルネサンス」といったところ。

桃山文化では、寺院よりも、天守閣のような**城郭建築**が説明され、絵画においても宗教画が格段に減ります。障壁画なども装飾絵画で、宗教性がきわめて希薄なものになります。

《「仏」「神々」の文化》から《「人間」の文化》へ……

この転換点が、安土・桃山時代であった、といえるのではないでしょうか。

江戸時代の文化でもすっかり仏教は、なりをひそめます。元禄文化や化政文化で、仏像や寺院建築を学習した記憶はありませんよね？　小説や絵画、学問などはあっても……

織田信長、豊臣秀吉の居城があった地名にちなんでこの時代を「安土・桃山時代」と呼び、この文化を「桃山文化」と教科書では称しています。

章立ても、ここから「近世」が始まります。

統一した政権が生まれた、ということは、富と権力が集中した、という時代です。

新しく台頭した大名、そして戦争や貿易は商人を富ませて、いわゆる「豪商」を誕生させました。

現世利益は「願う」ものから、自分で「手に入れていく」もの……

そういう時代の空気が支配者や豪商に生まれたのかもしれません。

宗教性から芸術の精神性へ

中世では寺院・神社は、封建領主でもありました。しかし、戦国時代の統一過程において、寺院・諸宗派の勢力はしだいに弱められていきます。

まさに「中世」が終焉して「近世」が始まる……

文化の面で仏教色がうすめられて、現世的・世俗的な絵画・彫刻・建築・装飾が生まれていったのも納得がいきます。

仏教建築に代わり、城郭建築がこの時代を象徴するようになります。

唐獅子図屏風（狩野永徳 筆／宮内庁蔵）

勢威を示す天守閣が造られ、城の内部にも書院が取り入れられた居館がみられるようになりました。襖《ふすま》・壁・屏風《びょうぶ》は金箔が使用されて極彩色の彩《いろど》りで花鳥風月が描かれます。欄間《らんま》には透かし彫りがほどこされました。

狩野永徳《かのうえいとく》は日本古来の大和絵と水墨画を融合させた『唐獅子図屏風』のような装飾画を大成し、長谷川等伯《とうはく》の智積院襖絵、海北友松《かいほうゆうしょう》の**濃絵**《だみえ》と呼ばれる濃彩の装飾作品が生まれていきました。

宗教性が希薄にはなりますが、芸術の精神性が深くなっていくのも、この時代の特徴です。堺の千利休《せんのりきゅう》は、茶の湯の儀礼を定めて「茶道」を確立し、簡素・閑寂の精神は、妙喜庵《みょうきあん》（京都府乙訓郡大山崎町）のような「茶室」の構成を生み出し、東山文化で生まれた日本建築の様式に、独自の精神性を加味することになります。

【6】安土・桃山時代②

キリスト教が伝わらなかったら、「茶道」は生まれなかった？

天井からポン酢まで

南蛮貿易が始まり、宣教師の活動がさかんになるとともに、宣教師たちはキリスト教以外に、天文学・地理学・医学などの「実用の学問」・「技術」をもたらしました。これらの技術・文化は江戸時代の鎖国政策によって短命にはなりますが、いわゆる外来語という形で日本の文化に残っています。

カステラ、コンペイトウ、パンなどはポルトガル語が語源です。

それまでの日本の建築には「天井板」がありませんでしたが、密閉された洋風建築の部屋から「天井」が生まれます。ちなみに、スペイン語のテーチョ（テンチョ）から「天井」という言葉が生まれた、ともいわれています。

ひろく現在の和食で使用されている「ぽん酢」ですが、「酢」を使用していないのはご存じでしょうか。「ポン酢」はオランダ語の「ポンス」、いわゆる果汁を用いた飲料、フルーツポンチのポンチと同じ言葉が由来だそうです。

さて、宣教師たちは、教会を各地に建てました。初期は荒れ果てて使用されていない寺を譲られて教会としていました。日本に伝来したキリスト教はカトリックが最初だったのですが、このキリスト教およびその精神文化は、意外なモノに影響を与えたことがわかっています。

そこで厳《おごそ》かにおこなわれていたミサなどの儀式は、そもそもが神秘的な儀式を宗教にもとめる日本人の心には響くところがあったようにも思えます。

ところで、わたしの母も叔母も茶道の先生をしていました。わたしも子どものときから茶道を教えられていて、大きなお茶会などにも参加したことがあり、ふと、なんの話からそうなったのか覚えていないのですが、叔母が、

「利休はんは、キリスト教の教会の儀式を見ていて、これを茶道に取り入れよう、と思わはってんで」

というではありませんか。子どもながらに、

え？　茶道とキリスト教？？

と思って、ずっとなんのことだろうと思っていたのです。

そんなときに、武者小路千家《むしゃのこうじせんけ》の家元、千宗守《せんそうしゅ》さんのおっしゃっていた話をきいて、「あ、このことか」と納得したことがあります。茶道で「お濃茶《こいちゃ》」というのがあるのですが、その作法はカトリックのミサをヒントにした可能性が高い、といわれているんです。

なにせ千利休は堺の豪商。

彼自身はカトリックに改宗はしていないものの、宣教師たちとの交流もあり、教会でのカトリックのミサなどにも参加していた……

とまではいいませんが、見知っていたことは容易に想像できます。

聖杯回し飲みの儀式がヒント？

「お濃茶」は、一つの茶碗に入れたお茶を、茶会の参加者で回し飲みしていくというものなのですが、それがカトリックの聖杯回し飲みの儀式とよく似ているのです。

濃茶の回し飲みは、文献的に確認できる最初のものが天正十四年といいますから、西暦では一五八六年。それより前の記録が無い、というわけですから、この可能性はかなり高いといえます。

ミサでは、ワインをイエスの血に見立てて飲むのですが、

聖杯（カリス）を布で拭《ぬぐ》うしぐさが、袱紗《ふくさ》さばき・茶巾《ちゃきん》の使い方とそっくり……

濃茶の「吸い口」の作法と、カリスの飲み口をふいて回す作法が似ている……

気になり出すと、類似点はたくさん出てきました。茶菓子を菓子器から取り回す作法も、ミサで聖体皿（パテナ）から聖体（パン）を取り回していただくところによく似ています。

千利休像（長谷川等伯画、春屋宗園賛）

こうなってくると、茶室のにじり口から身を小さくして入るしぐさも、「狭き門から入れ」（マタイによる福音書第七章十三節）という聖書に記されたイエスの言葉を表現したものではないか……などと想像がふくらみます。

教会と茶の湯の関わりを示す記録もちゃんと残っています。日本に活字印刷をもたらした宣教師で、少年使節団をローマに送ることを九州のキリシタン大名に勧めたヴァリニャーノの記した『日本巡察記』の中で、

「茶の湯は日本ではきわめて一般的におこなわれ、不可欠なもの。われわれの修道院でも欠かすことができない」

として教会内に茶室を設けて来訪者にお茶を出すということも奨励しています。現地の文化・慣習を重視するイエズス会らしい方法ですが、このことから宣教師たちも茶の湯に興味を示していて、茶人たちとの交流があったことが示唆されています。

千利休が茶道を確立するにあたり、キリスト教のミサやその精神に影響を受けていたと考えるのは、なにも不自然ではない気がします。

【7】安土・桃山時代③

信長はけっこう宗教が好きだった

――しかもライバルは本願寺顕如

信長のほんとうのライバル

織田信長というと、伝統文化の《破壊者》で《無神論者》《合理主義者》であるかのような「演出」が小説やドラマでなされてきました。とくに伝統文化を破壊する無神論者という側面は、比叡山延暦寺の焼き打ちや一向一揆に対する過酷な弾圧のイメージがそれを補強しているようです。

並み居《い》る戦国大名の中で「信長のほんとうのライバル」というのは、わたしは**顕如**《けんにょ》（大名じゃなく僧侶なんですけどね）だったと思っています。

よく考えてみると、武田にせよ、上杉にせよ、毛利やら長宗我部《ちょうそかべ》にせよ、信長はけっきょく自分の部下たちにまかせて戦わせているじゃないですか。それに対して一向一揆と

顕如像（石川県立歴史博物館所蔵）

織田信長像（神戸市立博物館蔵）

石山本願寺攻めは、信長自ら指揮して対応する場合も多く、わりと作戦に直接関与しています。基本的に、各戦線は部下の裁量にまかせているんですが、石山本願寺攻めに関しては、かなりチェックが厳しく、佐久間《さくま》父子など石山本願寺攻めの怠慢をかなり厳しく責められて解任されるし、荒木村重《あらきむらしげ》にしても、彼の家臣が石山本願寺に通じていたのではないか、という「事件」から、対立することにもなっています。

神仏をもおそれぬ所業の数々

苛烈な一向門徒への虐殺のエピソードも残っています。

- 長島一向一揆の干殺《ひごろ》し（兵糧攻めのすえ焼き打ちで二万数千人が虐殺される）
- 越前一向一揆の捕虜虐殺（一万二千人）
- 天正伊賀一揆での集落・寺院への焼き打ちと住民殺害（伊賀国の人口の約三分の一が死滅）

……など。

比叡山延暦寺の焼き打ちを命じたとき、反対した明智光秀に対して、「あそこにあるのは神でも仏でもない。ただの木と金属の塊《かたまり》である」といってのけたり、安土城の石垣造りの石の不足を補うために石仏を使用したり……

たしかに、神仏をもおそれぬ所業の数々……ではあります。

おれの舌が決める

また、合理主義者としての側面は、信長と料理人のエピソードに残っています。

京都で一番と評判の料理人に料理をつくらせる。

しかし、マズい……

信長は怒ります。推薦した人物も恥をかいてしまい、その料理人に「どういうことだ」となじってしまう。するとその料理人は「もう一度つくらせてほしい」という。

で、二度目の料理は、「美味《うま》いっ」と、信長はたいへん気に入った様子……

推薦人はその料理人にあとで問いただします。

「どうして最初はマズいとおっしゃったのか？」

料理人は答えました。

「最初のがほんとうの京料理。でも、信長様には薄口だったのでしょう。二度目は田舎風に濃い味付けにしました」

ちょっと信長を小バカにしたような話でもあるのですが、信長にすれば「ほんとうの京料理」なんかはどうでもよくて、

「おれが美味いという料理さえつくればよい。おれの料理人なんだから」
というところだったのでしょう。

「等身大の信長」像

また、アフリカ出身の奴隷が信長に献上されたときのエピソードも有名です。「黒人」を信長はそれまで目《ま》のあたりにしたことはなく、ほんとうにそんな肌の色なのか、色を塗っているのではないかと疑い、シャボンで洗わせた、という話です。

ほかにも少年期に、沼に大きな怪物が潜んでいる、といわれたときに、家来たちに沼の水をすべて掻《か》い出させて（池の水を全部抜く「掻《か》い掘《ぼ》り」企画を、なんと戦国時代にやっちゃってた）怪物が棲《す》んでいないことを確認した、というエピソードもあります。

ただ、これらの信長魔王伝説を彩《いろど》る逸話の多くは、江戸時代に書かれた、「戦国おもしろエピソード集」
に記されているものがほとんどで、虚構や誇張ばかりです。

現在は信長の経済・宗教政策を一次史料にもとづいて、「等身大の信長」像を描こうとする研究が進んでいます。

「楽市楽座」の実相

「楽市楽座」も、かつてほど教科書では大きく取り上げなくなりました。

一五七七年に出された「楽市令」は十三ヵ条あり、以下の三ヵ条を用いて「楽市楽座」を説明します。

一、当所中楽市として仰《おお》せつけらるるの上は、諸座・諸役・諸公事等、ことごとく免許の事。

一、普請免除の事。

一、分国中徳政これを行うといえども、当所中免除の事。

これは信長が安土城下に出したもので、これを全征服地の経済政策であるかのように説明してはいけません。岐阜にも出していますが、楽市令は二種類あり、岐阜の場合は以前から（斎藤氏の時代から）楽市だったので、それを「安堵《あんど》」する、という方法をとったものです。

「楽市楽座」は信長固有の政策ではなく、戦国大名の中には齋藤氏や北条氏など、けっこう領地の政策としてみられる場合があるのです。

「楽座」も単純に「座を廃止すること」とは説明しません。それから「座を廃止し……」と述べられていますが、これは「座」を廃止することではなく、座から税をとるのを免除する、というのが中心でした。

というか、むしろ信長は、「座」や「諸役・諸公事」を認めているんですよ。

信長は旧勢力も利用していて、自分に従うか従わないかを相手にせまっていたようです。従うなら認める、と……

ほかにも「馬の売買を安土に限定する」という法令も出しています。近江は各地に家畜の売買の市が立っていたのですが、それを安土に限定したわけです。

「規制緩和」というより、新しい「統制」の導入

どうも、信長の経済政策を「規制緩和」をした、と説明される方も多いのですが、緩和というより、新しい「商業統制」、統制経済を導入した、というほうがふさわしい場合が目立ちます。

信長は「関所の廃止」と「指出検地《さしだし》」も実施していますが、これも信長だけの政策ではなく、戦国大名の多くはこれをおこなっています。

戦国大名が、領地を拡大した場合の支配方法は二つあり、一つは自分の領内で実施して

いたことをそのまま転用する、というもので、もう一つはかつての支配者がやっていた方法をそのまま引き継ぐ……

信長は、両方併用しているんですよ。ですから既存の経済を壊す場合は、よほど信長に抵抗したり反したりした場合です。

さて、信長は、「**矢銭**」という名前の戦費負担を要求する場合がありました。商人や都市に協力金を要請するものですね。出さないと攻撃する、というものです。なにやら脅迫じみていますが、これも「戦国のならい」でした。

「**判銭**」というのもあります。これは寺社や町に「ここで戦うべからず」という制札を掲げる代わりに銭を出させるという、安全保障料のようなものでした。たとえば、一五六八年に足利義昭を奉じて上洛するとき、石山本願寺に五千貫、堺に二万貫要求しています。

アメとムチの徹底した使い分け

石山本願寺との対立も、宗教的対立というよりも信長の政策への非協力から始まっているとみるべきで、伝統文化や旧来のしきたりの破壊、というようなものではなかったと考えられます。

これは比叡山延暦寺の場合も同様で、《宗教組織》として攻撃の対象となったものではなく、《荘園領主、封建領主》として信長と対立したことが焼き打ちの背景であったと説明されます。

信長は当時の寺社の「聖俗」の権威・権力のうち、「俗」の部分を徹底的に攻撃しました。畿内の寺社の多くは僧兵をやしない、座や関所を運営したり、荘園を経営したりして、実際に京都市内でも日蓮宗と一向宗が対立して紛争を展開したこともあります（天文法華の乱など）。こういう寺社の「俗」な部分は信長に敵対した諸大名と同じであった、ということです。

いっぽう、まったく武装せず信長に協力的な寺社に関しては、信長は保護をしています。そもそも信長が京都の「宿泊施設」としていた本能寺は日蓮宗の寺院ですし、禅宗の寺院はかなり手厚く保護していました。本能寺の変で討たれたのち、信長の葬儀が営まれた寺院は、京都の禅寺である大徳寺です。

むしろ「俗」から離れた宗教の「聖」の部分には、常識的というか、伝統的というか、当時の慣習を逸脱した対応はしていません。

ルイス＝フロイスの『日本史』には信長の宗教心が見てとれる記述もありますし、逆に信長の宗教心が無いとするエピソードに信長の信仰心の厚さを読み取れます。

「父親が病に倒れ、その回復を祈って僧に祈祷させたが、父親が死んでしまった。僧たちを寺に閉じ込めて外から矢を射かけて殺した」

信長に信仰心が無く、無慈悲な人物であることを示すエピソードとして小説やドラマでも採用される部分ですが、病の治癒を願って僧に祈祷させているではありませんか。ほんとうに無神論者ならば、最初から祈祷などさせません。

それに桶狭間の戦いの前に、熱田神宮に戦勝祈願をしている話も有名です。

伝統破壊者というのは言いすぎ？

さらにまた、安土城には天皇をお迎えするための清涼殿があったこともわかっていますし、菊の御紋が入った瓦《かわら》も見つかっていて、伝統文化を重んじる姿勢は確認できます。なにより、安土城内には、摠見寺《そうけんじ》という信長の菩提寺が建てられていました。

『信長公記』の中で、安土城と天守閣と摠見寺に提灯をズラっと並べてライトアップした、というエピソードが記されていて、これは信長の経済活性化のイベントである、と説明される方もおられますが、この日付は旧暦「七月十五日」。

ご先祖の魂をあの世に送る「送り火」の日、盂蘭盆会《うらぼんえ》なんですよ。

信長は、単にスケールをでっかくしただけで、きわめて伝統行事を尊重した行動をとっていた、と解釈するべきではないでしょうか。

「安土宗論」の真相

また、「安土宗論」と呼ばれる宗教討論会も信長はおこなっています。

これは法華宗と浄土宗の宗教論争なのですが、もともと法華宗は、やや乱暴に他宗を京都市内で攻撃することがあり、よくもめごととなっていたようです。信長は、そもそも家来に法華宗の信徒が多くいたことから、あんまり大げさにせずに丸くおさめようとしていたようですが、法華宗側が討論をすることを強く主張したようです。

信長は、判者（審判）に京都の禅宗の僧を指名し、どういう結論になったかを報告させるようにしました。浄土宗と法華宗の論争の審判を禅宗の僧がする……

どうも「信仰」の問題というより、仏教の学説的問題の討論であったと解釈したほうがよいでしょう。議論の内容は現在でも諸説あるのですが、ともかく法華宗の負けというより、議論を挑んだ僧の負けが認めさせられたようで、今後、他宗に対して議論をふっかけてはならぬ、という約束をさせられてはいますが、京都市内の法華宗の寺院が移転させられたり、法華宗の僧が弾圧されたりということはしていません。

「聖」の議論を利用して「俗」の宗派間のもめごとを解消させた例かもしれません。

宗教の聖なる部分には興味津々

信長は、十分に宗教に興味があり、とくにその「聖」なる部分にはかなり興味を持っていたのではないでしょうか。信長のキリスト教の保護も、この点をもっと強調してもよいのではないでしょうか。キリスト教を広げることで一向宗など旧来の仏教勢力を抑えようとしたと、よく説明するのですが、「俗」に介入して問題を起こす宗教は弾圧し、「聖」に徹する宗教は新旧無関係に保護する、という姿勢を示しているような気がします。

安土城下にはセミナリオ（神学校）まで建設することを認め、教会のオルガンの響きに耳を傾けていた、という話もありますが、それでいて信長はキリスト教に改宗はしていません。宗教には敬意を払うが、さりとて、どれかの宗派に肩入れする、というわけでもない……むしろ現代日本人と同じような精神の持ち主だったといえるかも……

宮本武蔵の言葉に、

「神仏を尊びて神仏にたよらず」

というのがあります。織田信長の姿勢は、まさにこれだったように思うのです。

【7】安土・桃山時代④

キリシタン大名が信じたもの
――高山右近の鮮やかな生きざま

ちゃっかりタイプと根っからタイプ

「キリシタン大名」というのは、私見ながら、いろんなタイプがあったような気がします。一つは、信仰を標榜《ひょうぼう》して、南蛮貿易を有利に進めようとした者。ポルトガルの商人たちはカトリックでしたから、自分が貿易する相手がキリスト教徒であるならば、そりゃまぁ「安心」できます。商売人はことのほか、人のつながりを大切にします（ツテやコネが好き）。ですから、宣教師をツテにポルトガル商人に接近する場合もあれば、逆にポルトガル商人が宣教師を通じて大名に接近する場合もありました。

宣教師は、あたりまえですが「布教」が目的です。布教のために日本語の勉強もしていますし、日本で暮らして人々の生活にも接しています。イエズス会は現地の文化・習俗を尊重した布教を心がけていましたから、海外の商人たちは当然、宣教師から「日本の情報」を得ていました。カトリック教会は世界に「情報ネットワーク」を持つ組織でもあったわけです。

おもしろい例もあったのかな、と、個人的には思います。

当時の流行が南蛮風。まことに不謹慎ながらキリスト教もファッションのような感覚で、カッコいいでしょ？　オシャレでしょ？　みたいに南蛮文化の一つと捉えていた人たちもいたかもしれません。秀吉がバテレン追放令を出したり、入信を許可制にしたりした段階で、あっさりキリスト教を捨てた大名たちの中にはこんな人もいたかも……

これらはまぁ、「聖俗」のうち「俗」に傾斜した例（いわば、ちゃっかりタイプ）ですが、真逆に「聖」に徹したキリシタン大名（根っからタイプ）も、もちろんいました。

キリスト教の信仰篤《あつ》き大名。どこで信仰篤き、と判断するかというと、まぁ、「行動」から判断するしかないですよね。

だれか一人、例をあげてよ、といわれたら、わたしは高山右近をあげます。

ヘラクレスの選択

ヘラクレスの選択ってご存じですか？

事に臨んで、どちらか選ばなくてはならなくなったとき、あえて困難なほうを選ぶことを「ヘラクレスの選択」といいます。授業中、生徒たちにも、

若いうちは、楽なほう、安易なほうを選ぶのではなく、どちらか迷ったとき、あえて難しいほうを選んでいったほうがよい。そうすることによって成長できるのだ……

という話をよくします。ただ、実際、生きていく中で、望んで「ヘラクレスの選択」をする場合もあれば、結果として「ヘラクレスの選択」にならざるをえない、という場合もあります。べつに手を抜くために選んだことではなくても、よかれと思って選んだことが困難である場合などはいくらでもあるからです。

さて、高山右近のお話ですが……洗礼を受けて、「ジュスト＝ウコン」と名乗ったのは十二歳のときでした。城主となったのは二十一歳。そのとき、宣教師ルイス＝フロイスが彼と会っていて、高山右近のひととなりを記録してくれています。

「明晰な知性」「聡明」「天賦の才あり」「雄弁」

『日本史』の著者のフロイスは、キリシタンに対しておおむね好意的な評価をする人物ですので、割り引いて読まなくてはいけない史料ですが、それにしても高い評価です。

信仰をとるか、地位をとるか

その高山右近の、最初の「ヘラクレスの選択」が三十五歳のときにやってきました。一五八七年、豊臣秀吉がバテレン追放令を出したからです。

キリシタン大名である自分は、信仰を捨てて秀吉傘下の大名になるべきか、それとも、領地を捨てて「ひとりのキリシタン」となるべきか……

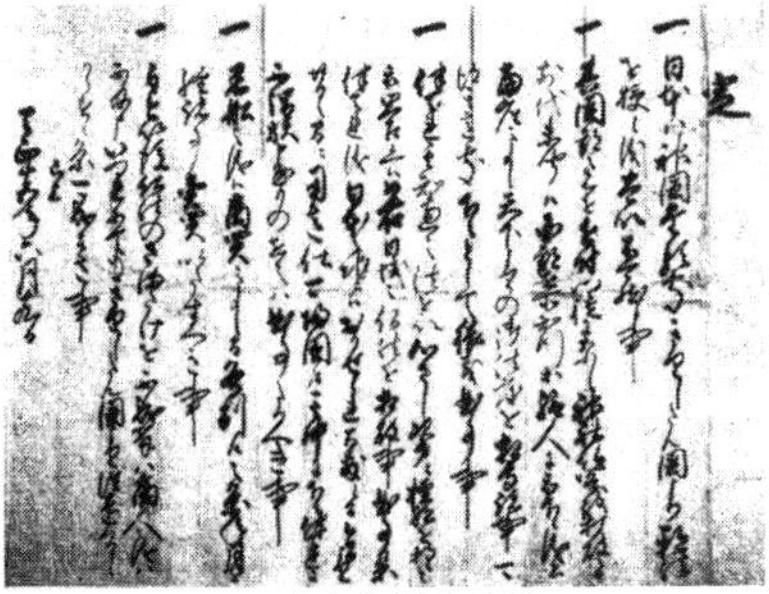

秀吉による吉利支丹《キリシタン》伴天連《バテレン》追放令

（天正十五年六月十九日付・松浦史料博物館蔵）

彼は、ためらいなく、大名であることを捨てました。

キリシタン大名であったけれど、大名であることを捨てなかった小西行長《こにしゆきなが》は、高山右近をしばらくのあいだ、自分の領地にかくまっていました。彼の能力を惜しむ大名は数多く、加賀の前田利家《まえだとしいえ》もその一人でした。利家は加賀に高山右近をまねき、彼を一万五千石で召し抱えました。「明晰な知性・聡明・天賦の才あり・雄弁」と彼を評価していたのはルイス＝フロイスだけでなかったことがよくわかります。なにせ一気に大名に復活ですから。

そして高山右近は、金沢に教会を建てました。

北陸へのキリスト教布教は、高山右近によって進められたのです。

しかし、ふたたび「ヘラクレスの選択」のときがきました。

一六一四年、徳川家康の発令していた禁教令により、国外追放を命じられたのです。

このとき彼の年齢は六十を超えていましたが、彼はキリシタンであることを捨てず、雪の積もった北陸を、馬にも駕籠《かご》にも乗らず、なんと徒歩で、あたかもイエスが十字架を背負ってゴルゴダの丘をのぼったことにならったかのごとく、ひたすら歩き続けました。

そうして、妻、娘、孫と、友人家族を連れて長崎に向かい、そこからスペインの船に乗って出航します。

いったいどこへ??

高山右近がむかったのは、フィリピンのマニラでした。

新天地で天に召される

信仰篤《あつ》き「ジュスト゠ウコン」は、彼の受難の道程とともに、現地でたちまち評判となり、多くの人たちが彼を慕うようになったといいます。

名誉も地位も捨てて、信仰に生きた男……ということになりますが、しかし、そんな彼

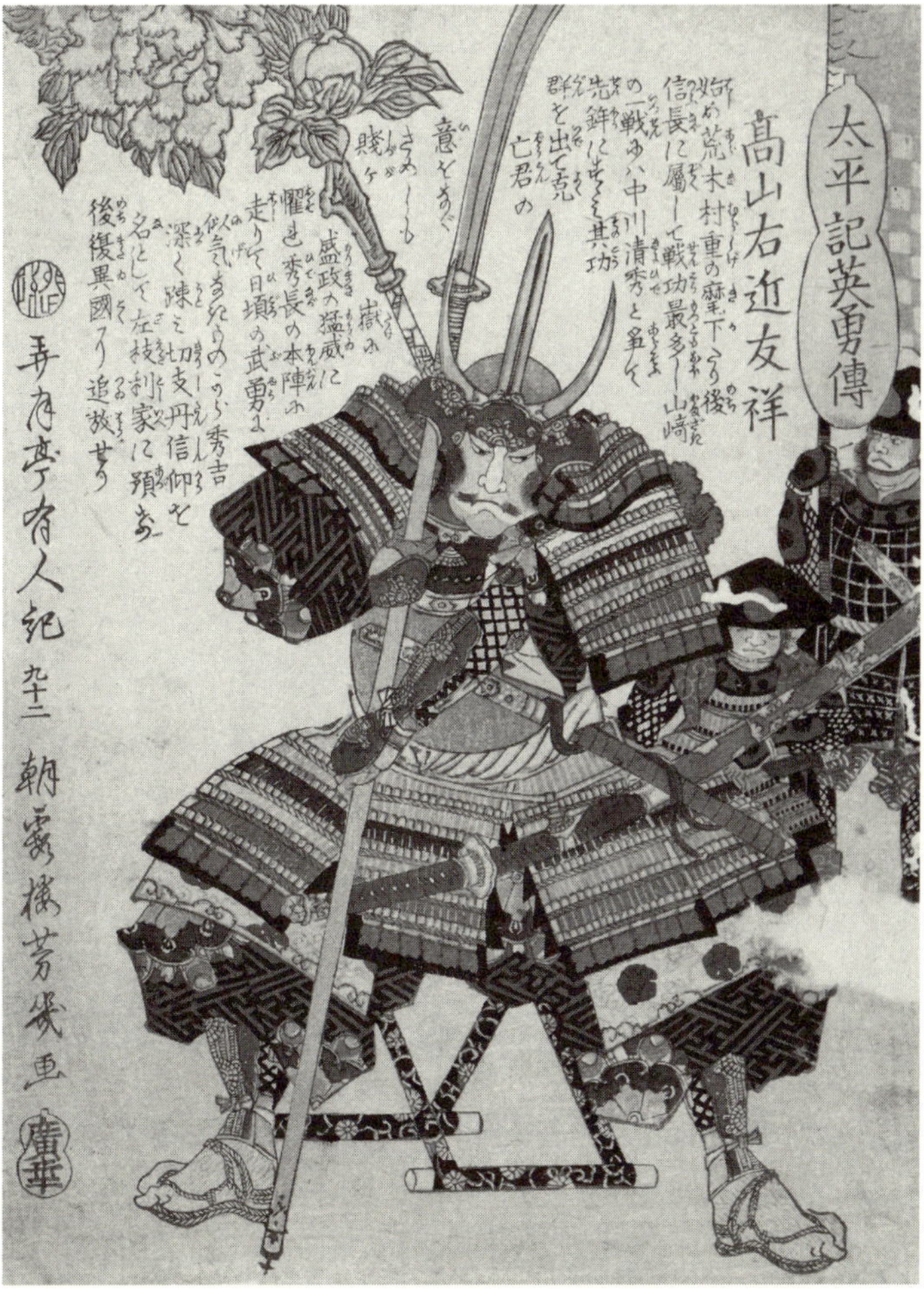

幕末から明治にかけて活躍した浮世絵師・落合芳幾《おちあいよしいく》が描いた高山右近（東京都立図書館蔵）

も「病」にたおれることになります。闘病四十日、六十三歳で天国へと召されることになりました。

彼の死をいたむミサは、異例の九日間おこなわれたといいますから、宣教師なみの扱いです。

他人からみれば、どうしてそんな苦しい選択をし続けたのだろう、もっとうまく立ち回れたろうに、と思うようなことも、あんがい本人にとっては幸せな選択である場合も多いと思うのです。

中世から近世へとすさまじい摩擦音を立てて回転していくこの時代にあって、なかなかに、鮮やかな生き方をした人物であったと思います。

【8】江戸時代

《宗教が権力に干渉された時代》

「そもそも日本は神の国」——徳川家康の側近中の側近、崇伝《すうでん》の『異国日記』の一節は、こう始まります。

「キリシタンの一団が日本にやって来た。彼らは貿易だけでなく、邪悪な教えを広め、正しい神仏の教えを乱し、それによって日本の政治を改め、自分の領土としてしまおうとのぞんでいる……」

側近崇伝の考え方は、そのまま幕府の政策に反映されます。逆に読めば、「正しい神仏の教え」が保たれれば日本の政治は守られる、と考えていたわけです。キリスト教の禁止は、「正しい神仏」のあり方を示すことで幕府の宗教への干渉をもたらし、近世の宗教の「形」を浮き彫りにすることにもなりました。

【8】江戸時代①

家康がおそれたもの
——「サン＝フェリペ号事件」と禁教令

奴隷貿易を看過できなかった秀吉

教科書では、「江戸幕府は初めキリスト教を黙認していた」という説明から入ります。しかし、その後、「キリスト教の布教がスペイン・ポルトガルの侵略をまねくおそれを強く感じ」て、一六一二年に禁教令を出した、という説明をします。

でも、実はこれはそのまま豊臣政権の説明にも使用できます。

秀吉は一五八七年に九州平定をおこないました。そしてキリシタン大名の大村純忠《おおむらすみただ》が長崎を教会に寄進していることを知って激怒しました。この激怒の裏には、教科書に書かれていない、もう一つの理由もあります。「奴隷貿易」です。

バテレン（宣教師）を追放する命令を九州平定と同時に出したのですが、そのとき、施行細則というか、日本人に対する附則というか、覚書が出されているのです。

一、キリスト教への入信は本人の自由
一、キリシタン大名は領民や家臣にキリスト教への改宗を強制してはいけない
一、大名のキリスト教への入信は許可が必要
一、中国、南蛮（ポルトガル・スペイン）、朝鮮へ日本人を売ることを禁止する
一、牛馬を食してはならない

「公私」でいうならば、「公」では《キリスト教制限》ですが、「私」では《信仰の自由》ということが認められていたことが読み取れます。

また、「史料の逆読み」でいうならば、「～してはいけない」ということは《それがおこなわれていた》ということでもあります。

「牛馬を食べてはいけない」ということは《牛や馬が食べられていた》……

これ、食文化の洋風化が進んでいたと理解してもよいかもしれません。

が、ここで注目すべきは、四つめの項目で、中国・南蛮・朝鮮に日本人が売られていた、

という事実です。もともと戦国時代、国内での人身売買はおこなわれていました。戦の勝者による、いわゆる「乱取《らんど》り」は、物品のみならず人身にもおよび、奪われた村人を「身代金」を支払って買い戻す、という場合もみられました。ところが、南蛮貿易が入ってきたがために、人身売買という〝国内の慣習〟が「通商ルート」とつながって、

日本人が〝海外に〟売られる

という事態をまねいてしまった、ということです。

政権中枢にいた家康は当然わかっていた

秀吉は、「土地」だけでなく「人」の売買にスペイン・ポルトガルが関与していることを憂慮していたようです。一五九六年、「サン゠フェリペ号事件」が起こります。これは土佐に漂着したスペイン船のサン゠フェリペ号の乗組員が「スペインが領土拡張にキリスト教の布教を利用している」と吹聴《ふいちょう》してしまったことから、

秀吉が宣教師と信者を処刑するにおよんだ

といわれている事件です。

ところが現在、この説明に疑問が出てきています。この説明は、大正時代に徳富蘇峰《とくとみそほう》が著した『近世日本国民史』に記されていたもので、当時の一次史料では確認できないことなんです。

この事件の前年、徳川家康が宇喜多秀家・上杉景勝・前田利家・毛利輝元・小早川隆景らとともに、秀吉の定めた法令の遵守と、秀頼への忠誠を誓う起請文を提出しています。豊臣政権において、いわゆる腹心の家臣を「**五奉行**」とし、徳川家康ら有力大名を「**五大老**」として重要政務を合議させる体制が、この時期にすでに始まっていたことがわかります。

そして一五九六年は、徳川家康が「正二位《しょうにい》 内大臣」に叙任されて、秀吉・秀頼とともに（前年の一五九五年に秀吉の甥の関白秀次《ひでつぐ》は自刃）宮中に参内している年……つまり、家康は豊臣政権の中枢にあって政務を執り、サン゠フェリペ号事件を知っていました。

もし、「スペイン・ポルトガルが宣教師を用いて領土拡張を画策している」という乗組員の証言が事実ならば、すでに江戸幕府成立前から家康はわかっていたはずです。にもかかわらず、「最初は黙認していた」ということは、

「キリスト教の布教がスペイン・ポルトガルの侵略をまねく」

ということを**おそれていたのではない**ということがわかります。では、**家康はなにをおそれて禁教にふみきった**のでしょうか。

ここで一つ考えられるのが、キリスト教思想と「身分制度」の関係です。

以前は、「キリスト教の『神の前の平等』という教えが、身分制度に反するから」というような説明をしていました。

でも、よく考えてみてください。

身分制度とキリスト教が矛盾するならば、そもそもスペインやポルトガルがキリスト教国であるはずがありません。

スペインだけでなくヨーロッパ諸国の多くは王政で、貴族もいました。都市でも身分の差異がみられました。ですから、キリスト教と身分制度は別に矛盾しないのです。

実際、宣教師たちは、その布教段階から諸大名に接近し、ことさら日本の身分制度を否定するような言動をとっていません。

幕府がキリスト教を禁止した理由を、身分制度すなわち封建秩序への脅威ということに求めるのは、むしろ誤りといえます。

家康のトラウマ

では、家康の「おそれ」は、いったいなんだったのか。おそらく家康は、キリスト教徒のありさまに、かつての「一向一揆」との共通点を見出したのではないでしょうか。

家康にとって、一向一揆は実はトラウマでした。彼は若いころ、三河の一向一揆を経験し、徳川家臣団の分裂とその崩壊寸前の危機的状況を経験しています。

まだ当時は、一向宗の寺院の一派内に、家康に味方した勢力もあり、その分断を利用して一揆を鎮める、という経験も家康はしています（いっぽうで、この「成功体験」がのちに本願寺を東西分裂させた方法につながったのかもしれません）。

「キリシタンが、かつての一向一揆のような勢力になるかも」と、家康はおそれた……

実際、現在の教科書ではこのことをふまえて、身分制度とキリスト教の矛盾については触れず、「信徒が信仰のために団結することも考えられた」といった記載をするようになっています。「もう、あの一向一揆みたいなことはコリゴリだ」と家康が感じたかどうかはわかりませんが、幕府の直轄領に真っ先に禁教令を出しています。

【8】江戸時代②

隠れていなかった隠れキリシタン

――閉ざされた世界でのキリスト教信仰

まぎらわしい「隠れ」と「潜伏」

生徒たちもよく誤解するのですが、「隠れキリシタン」と「潜伏《せんぷく》キリシタン」は同じではないんです。二〇一八年七月、世界文化遺産に「長崎と天草地方の潜伏キリシタン関連遺産」が登録されたときに「潜伏キリシタン」という表現が使われていたので、「隠れキリシタン」の名称が「潜伏キリシタン」に変わったのかな？

と思ってしまった方も多いかもしれません。「隠れキリシタン」というと、江戸時代に信仰を禁じられた人々が、弾圧を逃れて密《ひそ》かに信仰を続けていた……というイメージだと思うのですが、実はこの人々が「潜伏キリシタン」と呼ばれる人たちなんです。

え？　じゃあ、同じなのでは？　と思われるかも……ですが、ちがうのは「隠れキリシタン」のほうです。

時代はくだり、明治新政府ができて、開明的な政策がとられた、と考えておられる方も多いかもしれませんが、一八六八年に「**五榜《ごぼう》の掲示**」が示され、一般の民衆の生活は、

《江戸時代と、なにも変わらない》

ということが明らかになりました。江戸時代に引き続き、「キリスト教は禁止」であることが、はっきりと明記されたのです。

以上の使い分けをまとめておきましょう。

①《江戸時代にキリスト教の信仰を守り続けていた人たち》を、

「**潜伏キリシタン**」と呼称するいっぽうで、

②《明治以降（政府が禁止しているにもかかわらず）従来の信仰を続けている人たち》を、

「**隠れキリシタン**」と呼称する

つまり、①は江戸時代のことで、②は明治以降の話。

現在の使い分けはこれで終わらず、三つめが加わることがあります。

③《禁教が解かれたあともカトリックに回帰しなかった人たち》を、カタカナで「**カクレキリシタン**」と表記して区別する

つまり、③は「禁教が解かれたあと」の現代にまでつながる話。

カトリックに回帰しようと思えばできるが、あえてそうしなかった人たちの流れをくむ方々は、今も九州にいます（なにが正統で、なにが異端か、区別が差別にもなる問題をはらんだ言い方とみることもできます）。

役人と村人たちの「呼吸」が合っていた

さてさて、江戸幕府によるキリスト教徒たちの弾圧は、かなり苛烈をきわめた、と思われている方も多いはずですが……先に申しておきますと、まちがいなく弾圧され、厳しい拷問などもおこなわれていたことは事実です。

ただ、ここが「日本的なところ」で、案外と、

「やんわり、まるっと収めて」

大事にならないようにしていた部分も多いんです。

古代ローマのキリスト教徒たちは、自分たちで独自のコミニュティをつくり、兵役の義務やローマ市民としてのさまざまな義務を履行《りこう》しない場合が多く、とくにディオクレティアヌス帝の時期から専制政治が強化され、「皇帝礼拝」を強制されると、これを拒否しました。

ところが、日本のキリシタンたちは、（とくに島原・天草一揆以降）農村においては農村の共同体の成員として村の行事には参加するし、一村すべてがキリシタンであった場合も同様で、「お上《かみ》に忤《さか》う」という姿勢をほとんどみせませんでした。

変な話なんですが……

禁じられてはいるが表立ってキリスト教の儀式をとりおこなっているわけでもなく、年貢も納めて、村や郡の行事にも参加していて、
役人が検分に出かけても、仏壇もあるし（裏返すとイエス像があるかもしれないけれど）、観音像もあるし（よく見たらマリア像に見えなくもないけれど）、
「ま、いっか」みたいな、やんわり、まるっと理解しておくみたいな、
役人と村人たちの「呼吸」が合っていた

……ようなのです。

「踏絵」と「絵踏」

一六二〇年代末から「絵踏《えふみ》」が始まりました。

あれ？　えふみ？？

「踏絵《ふみえ》」じゃないの？

と思われている方もいるかもですが、マリアやイエスの像が彫られた木板や金属板を「**踏絵**」、それを踏ませることによりキリシタンと非キリシタンを「判別」する方法を「**絵踏**」として現在の教科書では区別して表記しています。

そもそも一六一〇年代の「禁教政策」は、教会の破却と宣教師の追放、大名・旗本の信仰の禁止から始まりました。現地の慣習や文化に理解があった《**イエズス会**》**に対する取り締まり**というよりも、新しく布教を始めて、異教や異文化を否定しがちであった《**ドミニコ会**》**への排撃**という側面が強かったものです。信徒の処刑といったようなことは一切みられません。

一六二〇年代になって、宣教師が追放令を無視して再潜入しようとしたり、京都でキリシタンたちの数が増えてきたりしていたので、二代将軍・徳川秀忠が、京都にいた信徒た

磁器製の「マリア観音」
これも一種の神仏習合？

ちを入牢《じゅろう》させ、火刑とする苛烈な判断を下しました。ここから信徒そのものへの改宗強制、取り締まりが始まります。

一六二二年の「**元和《げんな》の大殉教**」という弾圧事件は、五十五名が処刑されましたが、宣教師・修道士が中心で、信徒では彼らを匿《かくま》っていた者が処刑されています。同様に、江戸・東北・平戸でも処刑がおこなわれています。厳しい弾圧といえますが、幕府やそれにならった大名の方針は、キリシタン発見後の「処刑」ではなく、「改宗」でした。

改宗を約束すれば、たとえそれが「偽装棄教《ぎそうききょう》」であっても、深くは追及していません（当初は村役人などの監視という「保護監察」がありましたが）。

「改宗」させるための「拷問」は苛烈でしたが、逆にいえば、これも殺すのが目的ではなかったわけで（殺さないからよい、というわけではありませんが）中世ヨーロッパでおこなわれた「異教徒狩り」のような側面はありませんでした。

「**潜伏キリシタン**」**が長く潜伏できた背景**には、こういう事情があったのです。

閉ざされた世界でのキリスト教の信仰は、長い江戸時代を通じて、独自のキリスト教信仰に変容し、明治に入って一八七三年に禁教が解かれてからも、カトリックに回帰することなく、江戸時代の信仰形態を維持する人々もあり、独自の文化を生み出しました。

【8】江戸時代③

一家に一台、仏壇の時代
――幕府の巧みな民衆統制政策

仏壇の起源

みなさんのお家には仏壇はあるでしょうか。仏壇、神棚があるお家は、現在でも少なからずあります。仏壇は、ご先祖さまのお位牌、場合によっては、仏さま＝ご本尊の仏像が安置されたもの、といえます。大げさにいえば「家庭内寺院」です。

仏壇は、いつごろから出現したのでしょうか。みなさんが考えている以上に古く、記録のうえでは『日本書紀』の中で仏壇に関係する箇所が出てきます。それが天武天皇の十四年、西暦六八五年。

「諸国、家《や》ごとに仏舎《ぶっしゃ》を作りて乃《すなわ》ち仏像及《およ》び経を置きて礼拝供養せよ」

え？　もう家に仏舎を作れってなっていたの？

とはハヤトチリ。この「家」はいわゆる「家庭」のことではなく、地方の国の役所のことです。でも、明らかに寺院以外の空間に仏像、経典を安置する場所があまねく用意されるようになっていたことがわかります。鎮護国家思想の普及です。

仏壇、と説明するには無理がありますが、法隆寺にある「玉虫厨子《たまむしのずし》」などもその流れの中にあります。厨子は仏さまを安置するケースのことですが、これが仏壇の原型である、というのは言いすぎでしょうか。漆塗り、きらびやかな装飾、金具……なんとなく現在の仏壇に通じる部分も散見できます。

しかし、これらは一般庶民とはかけはなれたもの。まだ、民衆の手の中には仏さまがおられない時代でしょう。

体制に組み込まれる寺社

家に「仏壇」を持つように最初に説いたのは、室町時代、浄土真宗の蓮如《れんにょ》であった、と考えられています。これが他宗派に広がるのは、江戸時代になってからでした。

それが「**寺請《てらうけ》・寺檀《じだん》制度**」です。

まず、幕府は民衆統制政策として寺社を利用することを考えました。この視点はなかなかに優れていたと思います。ある地域に住む人々を把握するのに一番適しているのは「生死」を管理している寺社の掌握だと思うんです。

まず、子どもが産まれます。「神仏習合」以来、

《この世のことは神さま》《あの世のことは仏さま》

という役割分担がされてきました。なので、産まれた赤ちゃんは神社にお参りして「どうぞよろしくお願いします」となります。《お宮参り》の始まりです。と同時に神社は、「どこそこ村の、ナニガシという家族に、ダレソレが**いつごろ産まれたか**」を掌握していることになります。そして、あの世のことは仏さまなので、だれかが死ねば、お寺で《お葬式》。よって寺院は、

「どこそこ村の、ナニガシという家族の、ダレソレが**いつごろ死んだか**」

を掌握していることになります。このようにして、

村（あるいは村人）の生活が、寺社から透《す》けて見える

というわけです。このように幕府の統制のポイントは、かつての封建勢力を抑え込むためではなく（江戸時代が始まるまでに、貴族同様、封建領主としての寺社は実質的に解体されたも

同然でした）、現在の市役所・区役所のような存在に寺社を仕立てて、民衆支配に利用することでした。よって、旅行などの通行手形の発行も寺社に委《ゆだ》ねます。

このうち、とくに寺院の統制のために、幕府は**本山末寺《まつじ》制度**（本末《ほんまつ》制度）を導入しました。宗派ごとに一つの寺を「本山」とし、中・小・平院（大本山・中本山・小本寺から直末寺・孫末寺・曾孫末寺）からなるヒエラルキーをつくり、すそ野の末寺までをすべて本山の統制下に置かせたのです。本山には幕府の命令を末寺にまで伝達し、それに従わせる義務を持たせ、代わりに一宗すべての寺院の人事権を握らせました。修行・派遣を本山の機能とし、僧侶の資格認定の権限も本山に持たせています。こうして、本山の僧侶を幕府が任命するだけで、実質的に一宗を統制・掌握できたのでした。

この組織を稼働させて、幕府はキリシタンに対する禁教の徹底を実行し、その具体的な施策として「寺請制度」を整えたのでした。

「葬式仏教」が確立

古来から先祖を敬い、供養する、という古来からの考え方は、先祖を十分供養しないと先祖が地獄で苦しむのではないか（あるいは祟《たた》りがあるのではないか）という人々の気持ちに転じます。寺社は、そうした人々の不安に応えることを、一つの「役割」としてきたこともあり、室町時代以降、中小の寺院が三都（江戸・京都・大坂）はもちろん農村部にも建てられていました。

寺請制度はこれに乗っかる形でつくられました。家族の長に家族構成をまとめさせ、それを村役人や町役人に提出させて、役人はそれを村・町の寺に渡します。

この寺が「**檀那**《だんな》」です。あとはこの書類に記された人々が、その寺の宗派に属していますよ（キリシタンじゃないですよ）と「保証」して、この書類が完成します。これが「**宗門**《しゅうもん》**人別改帳**《にんべつあらためちょう》」です。島原・天草一揆のあと、これが徹底的におこなわれるわけです。

まず絵踏をさせ、拒否したら拷問、改宗を約束させたあとは、どこかの寺院・宗派に属させて宗門改帳に記入……こうして改宗キリシタン、「転《ころ》びキリシタン」が大量に出ます。するると、彼らが属する寺院が必要になる……よって、宗派の末寺が増える……

実際、九州、とくにキリシタンが多かった地域では、かえって中小の寺院が増えていきます（大分県などはそのよい例です）。

生死の際に寺院は、村人・町人と関わりが深くなりますから、幕府は檀那寺に、死者がキリシタンでないことを見届けてから葬儀することを命じました。これはいわば、一村一町の「**葬儀**」**をその檀那寺が独占する**権限を得るということでもあり、結果として寺院の役割に占める《「人々の救済の場」の割合》が減り、《「儀式・葬式の場」としての割合》

を高めることになりました。いまにつながる「葬式仏教」が確立されていくわけです。

結果、かつて律令に定められた「都の中に埋葬地を設けない」という条文も死文化されていき、寺院の境内、隣接地に墓地がつくられるようになるんです。

回忌法要も定着

キリシタンでないことを「監視」する役割上、節目ごとに実施される仏事にも寺が深く関わるようになり、いわゆる「回忌」の法要の形式が整っていきます。江戸時代、京都所司代が南禅寺に対して出した触書《ふれがき》（『南禅寺文書』）には、このように記されています。

「いまだ改宗を偽《いつわ》ってキリシタンを続けている者がいるとの噂《うわさ》を聞く。親兄弟の年季法要をとりおこない、寺にお布施をしているかどうか確認すること。これを怠る寺院はキリシタンであるのと同じである」

みなさんのご家庭が仏教である場合、仏壇の中に故人の命日・没年齢を記した「**過去帳**」がありませんか？　この過去帳は、年忌ごとの法要を知るためのもの、つまりは、寺請・寺檀制度の名残りなんです。

【8】江戸時代④

綱吉《つなよし》がつくった「現代日本」

――「暗愚」「悪政」は後世の言いがかり？

「なるべくしてなった将軍」にはあらず

徳川綱吉《つなよし》。第五代将軍。この人は、もともとは将軍になる予定ではなかった人物でした。父は徳川家光。しかし、長幼の順で、兄の家綱《いえつな》が第四代将軍となります。ところが、家綱は子がないままに四十歳で死去してしまい、次兄もすでに死去していたこともあり、めぐりめぐって綱吉が将軍になりました。

将軍の嫡子は、ふつうは次期将軍のための「作法」を子どものときから仕込まれ、いわゆる帝王学をたたきこまれます。ところが、そういうことを仕込まれていない（父・家光は綱吉に儒学は勉強させましたが）人物が後継候補となってしまったものですから、譜代大名や幕府の老中などから綱吉後継に反対する声も上がりました。大老・酒井忠清《ただきよ》による「皇族将軍」擁立の動きも、こうした綱吉後継に反対する空気がその背景にあったといわれています（ただし、近年の研究で「皇族将軍擁立説」は、綱吉将軍就任後の忠清失脚から生まれた〝あとづけ〟である、という考え方が有力になっています）。少なくとも、綱吉擁立に反対の空気があったことは確かでしょう。

綱吉は将軍就任後も、「ほんとうならば将軍にはなっていないお方」という譜代大名や老中たちの空気を感じ取っていたかもしれません。いや、そのことは綱吉の「被害妄想《もうそう》」だったのかもしれませんが、結果として、家康以来の譜代の臣よりも、側用人《そばようにん》など自らの側近を信頼してしまうことになった、ともいえなくもありません。

そこまでの悪政か

さて、綱吉の政治といえば、たいていの方が、

「生類憐《あわれ》みの令」

という法令を思い出し、犬などの動物を過剰に保護した、というイメージを持たれていると思います。のちの時代劇などを通して、こういう考え方はすっかり定着してしまったようです。

しかし、最近は、「悪政」の代表としてとらえられている綱吉の政治は、「いやいや、なかなか立派な政治だった」と再評価されるようになりました。

武断から文治の世へ

家綱の時代から、戦国時代の「武断的」な空気を改めていく姿勢が、幕府の政治にも表れていました。後継ぎのいない大名に養子も認めず、容赦なく改易《かいえき》することも改められ、大名家の当主の死とともに家臣が殉死する習慣も禁止されました。

家臣と主君の「個人的な主従関係」を改めて、「家と家臣の主従関係」に転換していきました。大名家を法人化していくような感じですね。

家綱から綱吉にかけての時代は、下級武士のあいだでは、まだまだ殺伐とした戦国時代の気風が強く残っていて、安易に人を殺す、ということもしていたようなのです。

「辻斬《つじぎ》り」というのをご存じですか？　三代家光のころまでは、江戸の町でもけっこう頻《ひん》繁《ぱん》にみられた悪習で、時代劇でも有名な「水戸黄門さま」も、若いころには刀の試し切りと称して、身分の低い男を対象に「辻斬り」まがいのことをおこなっていた、という噂もあります。綱吉はそういう時代の空気を一掃した政治家であった、という評価がされるようになり、教科書の記述も変わってきました。

徳川綱吉像（土佐光起 筆／徳川美術館蔵）

服忌令《ぶっきりょう》、といって、身内が死んだときは仕事を休んでもよい、という、のちの日本ではごくあたりまえの習慣も、綱吉の時代から始まりました。

「生類憐みの令」も、都市では混乱を招きましたが、農村部では「狩猟を禁止する」という名目で、農村に残っていた鉄砲という武器の回収に成功しています。《新・刀狩令》だった、という考え方もできないわけではありません。

このころの日本には犬を食べるという習慣もまだありましたが、綱吉の時代以降、ペット、つまり愛玩《あいがん》動物を大切にする「文化」も広がります。ゆえに「綱吉の政治は悪くはなかったのだ」ということが、昨今の研究の中では唱えられるようになりました。

ただ、個人的には、

やはり綱吉の政治はちょっと変なところがあった……

やっぱり「生類憐みの令」は「悪法」といえる側面も強いのでは？

と、正直なところ思っています。

日本的ソンタク&シンシャク社会

しかし、このことをふまえた上で、綱吉の時代は、**現代にも通じる日本人の独特の性質**

があらわれた時代であったと感じています。

「将軍さまが《動物を大切にせよ》とおっしゃっているぞ！」となったとたん、部下にそれらが伝達されて、それが法制化されていくうちに、ついつい大げさに、《言《ゆ》うてもないこと》が拡大解釈されたりして、どんどん進んでいった……

自分の娘、鶴姫を愛するあまり、

庶民は「鶴」という名前を使うなっ！

と発令した「鶴字法度《はっと》」なども、将軍さまが娘を溺愛されている様子をみた側近たちが、「上さまのお気持ち」をくみとって、こんなことしたらどうでしょう、となってできた法令かもしれないのです。

上のえら～いお方が、こうおっしゃったぞ。
上のえら～いお方は、おそらくこう思われているにちがいない。
べつにいわれてはいないけれど、こうしておいたほうがいいかなぁ～
いや、それはやってはいけないいやろ～

お互い顔を見合わせて、読まなくてもよい空気を読んで、だれもダメだといっていないことも気がついたらダメになっている……

忖度《そんたく》、斟酌《しんしゃく》……

側近政治というものは、こういう空気を助長しやすいのです。

世の中の「悪法」「悪習」というのは、だれか支配者がそうしたものではなく、案外と、支配者に阿《おもね》った者たちによってつくられたり、助長されたりしたものである、というような気がします。徳川綱吉さんは、そんな日本独特の文化がつくられた時代を代表している人物なのかもしれません。

失政イメージの出どころ

ところで、綱吉の「失政のイメージ」を増幅した理由として、二つのものをあげることができます。

まず一つは、新井白石による前政権批判……

新井白石は、綱吉を否定して六代将軍家宣《いえのぶ》の治世を持ち上げます。

まぁ、前政権を否定して現政権を肯定し、その前提から新しい政治を進めるのは、いつの時代でもみられることです。

新井白石は、「生類憐みの令」がかなり庶民を苦しめていた、それを家宣さまが廃止された、というようなことを記録していて、これをもとに戦前の研究者たちは綱吉の政治をまとめてしまったので、戦前の教科書から戦後の一九八〇年代まで、

「綱吉の治世」＝「悪政」

というイメージが定着したのです。

そして、もう一つが『三王外記《さんのうがいき》』の記載です。この史料が、けっこう綱吉時代の政治評価に影響を与えています。正直、綱吉・家宣・家継の治世をしっかり記した「史料」とはあまりいえません。当時の「ゴシップ集」というべきものなんですよね、これ……誇張・虚構をとりまとめた話がたくさん出ていて、現在ではここに記された記事だけで当時の説明をする近世史家はいません。

綱吉の母、桂昌院《けいしょういん》が隆光《りゅうこう》という僧から、

「綱吉公は戌《いぬ》年生まれだから、犬を大切にすれば後継者が生まれます」

といわれて、綱吉に、

「犬を大切にしなさい！」

と告げたために生類憐みの令が出された、みたいな話を聞いたことありませんか？

あれ、『三王外記』だけにしかみられない話で、隆光自身もそんなことをいっさい記録にも残していません。それどころか、

綱吉はあんまり犬が好きじゃなかったんじゃないの？

というのがわかりつつあります。

当時、大奥の女性たちの中で「狆《ちん》」というイヌが愛好されていました。そのことが「将軍さまはお犬が大好き」というイメージを庶民のあいだに広げたようなんです。綱吉は、学問好きだっただけでなく、芸術にも造詣が深く、たくさんの絵画を残しているんですが、犬の絵が一枚もないんですよね……犬好きを証明するものが出てこないんです。

同様に『鶴字法度』に関しても、かなり割り引いて考えなくてはいけません。綱吉の長女鶴姫は、紀伊の徳川綱教《つなのり》と結婚します（一六八三年）。ところがその後、綱吉の長男徳松が病死してしまいました（一六八五年）。このため、鶴姫の夫綱教が次期将軍候補となり、鶴姫が次期「御台所《みだいどころ》」となるわけです。当時、

「避諱《ひき》」

という考え方があり、高貴な人の名前の一字を避けて使わない、という慣習がありまし

た。そこで高貴な身分に格上げされた鶴姫にも「避諱」が適用されることになり、「鶴」という文字を避ける、ということになったのです。

娘を溺愛するあまり「鶴の字を使うな！」というお触れまで出した、という話はかなりの誇張で、当時の慣習からも大げさに取り上げるほどのものではないと思います。もし、ほんとに溺愛して「鶴」という字を使うな、となれば、生まれて名づけたときから、あるいは、婚姻が決まったときからでもよかったはずです。

蛇足ながら、伊達政宗の名前の一字である「宗」が「避諱」とされ、仙台藩では「宗」という字は長く使用を避けられた、という話もあります。また、のちに幕府が朝鮮に送った手紙の中に、朝鮮国王の「諱」が使用されていた、という抗議を受けたときに、新井白石が「そっちだって家光公の諱の一字『光』を使っているぞ」と言い返していたりします。

治政者に共通する心情

さて、綱吉の政治です。火事、地震、富士山の噴火……古来、天変地異は政治の失敗に天が怒りを示している、という思想がありました。綱吉は案外と、これを気にしていたのかもしれません。

かつて聖武天皇や光明皇后が「善政」をしいて（仏教を広めて）、天然痘の蔓延や社会不

長廊下で師直《もろなお》に斬りかかる塩冶《えんや》判官《はんがん》（歌川国芳 筆『仮名手本忠臣蔵 三段目』）

安を払拭しようとしたように……

光明皇后は悲田院をつくって捨て子の養育をおこないましたが、綱吉も捨て子の禁止や子どもを大切にすることを生類憐みの令で奨励しています。「七五三」など、子どもの成長を祝う行事の定着も綱吉の時代からです。

聖武天皇は国分寺・国分尼寺建立の詔《みことのり》を出しましたが、そういえば綱吉も、江戸のたくさんの寺院の修築をおこなっています。

江戸城内での「血の穢《けが》れ」を嫌い、魚を捌《さば》くことを禁じたくらいです。

浅野長矩《ながのり》（内匠頭《たくみのかみ》）が松の廊下で吉良上野介に刃傷におよんだことに対する苛烈な処分も、「よくも血で汚したな！」の怒りが強かったような気がします。

【8】江戸時代⑤

参詣「名所」だらけの国

——世界最初のツアー会社は日本にあった？

エド・ツーリズム……江戸時代からすでに日本は観光大国

三河《みかわ》（現在の愛知県東部）の国学者で菅江真澄《すがえますみ》という人物がいます。医学や本草学《ほんぞうがく》も学び、四十年にわたって東北地方を旅して各地の風俗・見聞を『菅江真澄遊覧記』として残しています。

このように、十八世紀後半から、庶民レベルで「旅行」が全国的なブームになりました。湯治・物見遊山《ゆさん》、つまり観光旅行が広くおこなわれるようになったのです。

江戸時代の旅行には、それなりの手続きが必要でした。人口の大部分の農民は、基本的に自由な移動は認められていません。

ところが、社寺へのお参りは、比較的容易に旅行の許可が出ました。旅行には「通行手形」が必要で、武士の場合は各藩の許可、農民は村役人、町人は町役人の許可が必要でしたが、農民・町人はそもそも寺請制度で在住を寺院自体が把握しているので、檀家寺・菩《ぼ》提寺《だいじ》の許可で「通行手形」が発行されました。

これ、現在のパスポートとよく似ています。江戸時代は幕藩体制ですから、さまざまな大名の領地を通過せねばならず、関所などもたくさんありました。まぁ、いろんな外国を通過する海外旅行のようなものでした。

通行手形には氏名、出身地、旅行の目的が書かれて、道中の保護や関所の通過の便宜をはかってもらえるような内容が記載されていました。

「名所」見物を名目に

江戸時代は庶民の経済力も向上し、庶民の生活に余裕が出てきていました。宗教も来世の極楽往生を願う中世型の信仰から、現世利益を願う信仰に変わってきています。

農民は豊作を祈願し、商売人は商売繁盛を願うようになり、寺院・神社への参拝が元禄時代以降増加しつつありました。

そのため、旅行の目的に「寺社参拝」を記しておくと、武家の女性以外はたいていは許可が出ました。その証明としては、参拝した寺社で購入した御守りや御札、その寺社由来の「なにか」を提示すればよく、このことは寺社のグッズの販売や周辺店舗の物産販売を促進することにもなりました。

庶民も「申請の要領」がわかるようになると、「寺社参詣」を名目として許可申請し、いろんなルートで湯治や物見遊山をしたうえで最後に、あるいは途中に寺社へ参拝・参詣して「旅」を楽しむ、という「目的」の「手段」化も進みます。

こうなると寺社やその周辺は、「名所」をつくるようになりました。

戦国時代や源平の合戦などの歴史物語や講談などが上演されると、その場面に出てくるところを実際に見学に行こう、という感じも生まれました（アニメの聖地巡礼の先取りみたいな話です）。

大坂で、剣豪・宮本武蔵を主人公とする芝居が上演されました。なぜか、宮本武蔵が親の敵討ちをする話になり、決闘の相手が「佐々木小次郎」、決闘の場所が「巌流島《がんりゅうじま》」と名付けられます。この芝居で、宮本武蔵の決闘相手の名前が「佐々木」になり、船島《ふなしま》が「巌流島」となり、佐々木小次郎が「燕返し《つばめがえ》」なる技を編み出した場所が「錦帯橋」になっちゃいました。

こういった名所の誕生、旅行ブームは、画家たちの絵画のテーマとなり、葛飾北斎の『富嶽《ふがく》三十六景』や歌川広重の『東海道五十三次』を生み出しました。

とくに歌川広重は『名所江戸百景』など、ほとんど観光案内パンフレットのような作品も描いています。

江戸時代のツアコン

さて、この旅のブームに、伊勢神宮・善光寺・讃岐金比羅宮《さぬきこんぴら》への、聖地・霊場巡礼が加わりました。

「御師《おんし》」の活動です。古くは熊野御師があります。平安時代に熊野詣《くまのもうで》が貴族のあいだでブームとなりました。その際の案内人たちで、参詣路の案内、途中での祈祷などをおこない、宿泊の世話をしました。

江戸時代になると、これがさらに発達します。

富士山がユネスコの「世界遺産」に指定されましたが、富士山は「自然遺産」ではなく「文化遺産」として登録されました。それは絵画にも描かれ、信仰の対象ともなり、単なる「山」ではなく日本の信仰文化の象徴としての意味合いが深いからです。

富士山は信仰の対象であり、富士にも御師がいて、登山や参拝、宿泊の案内をするようになりました。

そしてなんといっても「伊勢神宮」の御師。全国各地に派遣され、伊勢参りを案内・企

歌川広重『名所江戸百景』上野山内 月の松（ブルックリン美術館蔵）

歌川広重『伊勢参宮　宮川の渡し』（三重大学図書館蔵）　画面中央の一群は旅人を躍りでもてなし迎える伊勢音頭の踊り手たち。左の幟には「おかげまいり」の字が見える。左下に犬の姿も見えるが、これは主人にかわって代参する「おかげ犬」だと思われる

画しました。とくに「**伊勢講**《いせこう》」というのを組織し、なにかと世話をしました。

江戸から伊勢までの旅は、いくら庶民が裕福になったといっても、それなりの旅費を必要としました。参詣者を増やすには、「すそ野」を広げる必要があります。そこでつくられたのが「伊勢講」です。村や町でお金を積み立て、籤《くじ》などで順番を決めて、講の参加者を伊勢に送り出す、という互助制度です。

送り出された人々は、参詣の証《あかし》としてお札や伊勢周辺の物産を持って帰るようになりました。これが日本文化における、旅行の「お土産《みやげ》」という慣習の定着です。

御師はまさに、日本最初の（あるいは世界最初）の「ツアー会社」といってもよい役割を果たすことになりました。

【8】江戸時代⑥

寺院と神社がスポンサー

――商売上手な娯楽の殿堂

ダミ声なれど名調子

子どものとき、不思議だなぁ、と思っていたことがありました。神社やお寺の「縁日」に出かけたとき、これ、なにやっているんだろう……というものがあったんです。なにやら絵が描かれた大きな看板の前で、おじさんがマイクを持って、看板の絵を指し示しながらいろいろ解説をしているんですよね。

家の建て方の話とか、お墓や神棚の祀《まつ》り方やら、その他モロモロ、縁起がいいやら悪いやら、これはやってもいいが、これはアカン、みたいな、まぁ、今でいったら「風水」のような話をしている……

ダミ声だったけれども、なかなか調子がよくて、たくさんの参詣者・参拝者が集まって

「お話」を聞いているんですよ。でも、そのおじさんは、とくに料金や講義料をとるわけでもなく、ただそんな話をしているだけ……

で、一回、最初から終わりまで、ずっと聞いていたことがあるんです。

すると、「庭の北東にはナンテンを植えたらよい」とか、なにかを置いたらよい、とかいっていることに気づきました。

あ！　と思ったんですが、それ、縁日でいろんな店で「売られている商品」なんですよ。どうも縁日で出店している植木屋さんとタイアップしていることがわかりました。

そういう作戦かっ！　と腑に落ちたわけであります。

エンターテインメントの場としての寺社

江戸時代、とくに文化《ぶんか》・文政《ぶんせい》年間（合わせて「化政」年間という。一八〇四〜一八三〇年）、京都・大坂・江戸の「三都」はたいへん栄え、芝居小屋・見世物・曲芸・講談・寄席《よせ》などが開かれていました。それら興行のスペースは、都市ではやはり、寺社の境内《けいだい》が利用されます。

おもしろいのは、寺社が境内の使用料を取っているというよりも、逆にそれらのスポンサーになっているケースが江戸後期から増えてきたことです。寺院や神社では、修繕費や経営費、ようするにメンテナンスの経費を氏子や檀家の寄付では賄《まかな》いきれなくなっていて、それを集めるために興行を誘致する社寺も増えてきていた、ということなんです。「縁日」はもちろん、「ご開帳《かいちょう》」も寺院の営業活動になりました。「秘仏」を公開すると称して、参拝者を集める……

「出開帳《でかいちょう》」も始まります。わざわざ江戸や大坂などに出張する、というものです（信濃《しなの》・善光寺の出開帳などは教科書にも取り上げられて紹介されています）。文化財を大都市の博物館などで展示する、ということの江戸時代版みたいなもので、寺社はそれぞれの由緒や由来、仏像、寺塔を「観光資源」化するようになったところも増えてきました。

寺社がスポンサーとなって脚本家や絵師に絵を描かせて、寺院や神社を舞台にした物語を演じさせる……

現在の宝くじである「富突《とみつ》き」なども、寺社の境内でおこなわれるようになりました。

集金システムとしての勧進興行

江戸時代の庶民の二大娯楽は「歌舞伎」と「相撲」でした。

中村・市村・森田の「江戸三座」などが有名でしたが、湯島天神境内では宮地芝居《みやじしばい》（「みやち」とも。小規模の、いわばアングラ芝居）の興行がおこなわれるようになります。

土俵入りの型に名を残す横綱雲龍《うんりゅう》

（歌川国貞 筆『横綱土俵入之図 雲龍久吉』）

一七四四年、幕府は「**四季勧進相撲**《しきかんじんずもう》」を公認しました。冬と春は江戸で、夏は京都で、秋は大坂で相撲を興行し（まさしく「三都」での開催。年六場所制の現在はこれに、京都が抜けて名古屋と福岡が加わっています）、料金を集めて寺社の修復費用を集めることを認めたもので、合わせて橋や街道整備の費用も出させました。

これがそのまま「名目なし」での興行を認められるようになって、「相撲」が職業となります。また、十一代将軍家斉《いえなり》がとくに相撲を愛好するようになり、「上覧《じょうらん》相撲」がおこなわれました。このとき、現在に通じる相撲のさまざまな儀式、横綱土俵入りや弓取り式、といったものが調《ととの》えられたといわれています。

【8】江戸時代⑦

幕末日本の新興宗教

――「転換期」に人々が求めたもの

「逆説」の思想史――江戸の経世家たちの警告

思想と、宗教あるいは人々の信仰は、社会の様相を逆説的に反映するものです。

わたしは、まさに宗教、信仰は社会を反映する「鏡」だと思っています。

十八世紀半ば以降、十九世紀半ばまで、社会・外交・経済面で、まず批判的思想が生まれてきました。

十八世紀半ば、**安藤昌益**《しょうえき》という人物が『**自然真営道**《しぜんしんえいどう》』を著します。

安藤昌益の出身地は諸説あって不明でしたが、最近の研究で、十三歳のときに八戸《はちのへ》の藩医の家に養子に入ったようで、その後、離縁されて町医者となったということがわかりつつあります。

彼は『自然真営道』で「自然の世」を説いています。これは、
「正しい天道がおこなわれ、上下の身分関係がなく、
万人が平等に生活して田畑を耕す（万人直耕）」
のが理想社会である、という考え方です。逆にいえば、十八世紀半ばの世は、

- 正しい天道がおこなわれていない
- 上下の身分関係がある
- 万人が平等には耕していない

ということが顕著になって弊害を生み出していた、といえます。

また、《外交》面での問題点は、十八世紀末に現れた**林子平**《はやししへい》が指摘するところとなりました。彼の主張は『**海国兵談**《かいこくへいだん》』の中で明らかにされています。

「日本は海に囲まれた島国（海国）で、外国船はどこにでもやってくる。にもかかわらず、海防を長崎だけに備《そな》えているのは誤りで、江戸湾の備えをすべきである」

これを、寛政の改革を進めていた老中・松平定信に咎《とが》められて、いわば言論封殺される

ことになりましたが、その後、ロシア使節ラクスマンが根室《ねむろ》に来航し、蝦夷地《えぞち》周辺でロシアとの「紛争」が起こり、子平の「予言」と「警告」は現実になるのです。

十八世紀末には、鎖国政策が動揺し、「外」からの「不安要素」が増えていく時代となっていました。

《経済》の面では、**本多利明《ほんだとしあき》**が『**経世秘策《けいせいひさく》**』を著しました。

「日本は海国だから、渡海・運送・貿易の仕事は、将軍の第一の任務だ。世界各国に船を出し、国家が必要な産品を輸入するのが、国力を充実させる方法だ」

と説き、「自国の経済力だけでは国力がしだいに弱まり、その負担はみな農民にのしかかって、農民が年を重ねるごとに疲弊《ひへい》するのはあたりまえである」と説明しています。

貿易立国をめざすことが日本を豊かにする道

という未来の日本の姿を、まるで示しているかのような考え方です。

澎湃《ほうはい》と拡大する教育熱

そして、このような考え方・思想は、一部の支配者だけではなく、農民、商人などの一般の庶民にも浸透していくことになりました。
それがわかるのが、藩学《はんがく》（藩校）設立数と、寺子屋・私塾開業数の変化です。

	（藩学）	（寺子屋）	（私塾）
一五九六〜一六二三年（慶長〜元和＝26年間）	0	17	1
一六二四〜一七一五年（寛永〜正徳＝92年間）	9	77	2
一七一六〜一七八〇年（享保〜安永＝65年間）	42	140	35
一七八一〜一八二九年（天明〜文政＝49年間）	101	1,387	224
一八三〇〜一八六七年（天保〜慶応＝38年間）	45	8,675	769

一七八一〜一八二九年は、天明から文政にかけての時期。

問題意識の提起と、それを受け入れる社会の人々が熟成していたことが示されていると思います。時代の転換期、**ゆきづまった世相を**「**解決したい**」という思いに応《こた》えるのが政治・経済・社会に対する《批判の思想》ですが、同時にまた、**ゆきづまった世相から**「**抜**

け出したい」「救われたい」という民衆の願いに応えるのが《宗教や信仰》です。

祈りは世につれ、世は祈りにつれ

社会の変化は、もちろん信仰のあり方、宗教にも影響し、影響されもします。すなわち、社会から生まれた新しい信仰・宗教は、逆説的に社会の様子を示すことにもなりました。

よく、**幕末三大新興宗教**として、教科書などにも取り上げられるのが、

黒住宗忠《くろずみむねただ》の「**黒住教**」

中山《なかやま》みきの「**天理教**」

川手文治郎《かわてぶんじろう》の「**金光教**《こんこうきょう》」

です。しかし、単純に「幕末」というふうに、この三つを括《くく》るのは誤りです。開かれた時期はそれぞれ、

一八一〇年代／一八三〇年代／一八五〇年代

と、二〇年の差で連続したものです。

黒住教について

まず、黒住教。これは備前《びぜん》（現在の岡山県）岡山藩の守護神社・今村宮の黒住宗忠が開いた神道の一派です。文化十一年といいますから西暦一八一四年、その冬至の日に、昇る朝日を拝む「日拝」のときに天啓を得たといいます。

一切万物すべてが「天照大神」を親とし、その働きの中で万物が存在し、人は天照大神の「分心」を持つ「神の子」である、という教えです。

黒住宗忠は、**「まること」の精神**というのを重要視しました。「まること」は、すなわち「丸い状態」で、歪《ひず》みや偏《かたよ》りがなく、調和のとれた状態。これが天地自然の元来の姿である、ということです。

さらにまた、**「まるいはたらき」**ということも説いています。どのような動きも働きも一方通行ではなく、双方向の「循環」である、という考え方です。

「まること」を天地一体の真理とする教え……

これらの教えが人々のあいだに響いたのは、まさに一八一〇年以降、封建社会の諸矛盾によって、人の心に「歪み」や「偏り」が生まれ、村落共同体の調和が失われていたからではないでしょうか。また、「まるいはたらき」の逆、つまり「一方通行」で、政治は民意を汲まず、経済の利益は人々に還元されない……そんな状態が顕著になっていたからだと読み解けます。

文化・文政年間（一八一四〜一八三〇年）は、村落の地主層が力をつけるいっぽうで、土地を失う農民も大量に発生し、農村の荒廃が各地でみられるようになりました。瀬戸内地方はもともと農業の先進地域でしたが、それはすなわち、

農民間の貧富の差も表面化していた時代

です。地主は困窮した農民に利貸しをおこない、質でとった田畑を集積していました。そして商品作物を栽培し、それを都市部の商人に売って利益を得ます。土地を失った農民は町に年季奉公に出かけて商人にやとわれ、その商品作物を製品化する労働者となっていきました。

また、農民たちは年貢の軽減、専売制の廃止を要求して一揆を起こし、藩の政策に協力する商人、村役人を襲いました。もちろん、幕府や藩は要求を部分的に認める場合もありましたが、たいていは武力によって鎮圧します。まさに人々の心は「まること」を失い、「まるいはたらき」の逆の社会となっていたことがわかります。

天理教について

天理教は、大和国（現在の奈良県天理市）の村役人の家で、質屋業を営んでいた中山家に嫁いだ中山みきを教祖として起こった宗教です。

天保九年十月二十六日、といいますから西暦一八三八年、中山みきが天啓を受け、その教えを人々に伝えたところから天理教が始まったとされています。

教祖・中山みきは「おやさま」と呼ばれ、二つのことをおこない、説きました。

まず第一は、人々の救済に自ら身をもって行動したこと。そして第二が、人間本来の生き方を説いてすべての人々が澄んだ心を持ち、相互扶助のもと、仲良く活き活きと暮らす状態＝**「陽気ぐらし」**の実現を説いたことです。

この点、中山みきの「実践」は徹底していました。私財ことごとくを近隣の貧民に施《ほどこ》すようになります。これを「貧に落ちきる」といいます。「富」から「貧」への施しによる社会の「平準」を図ることこそが、「陽気ぐらし」の前提と考えていたのでしょう。

相互扶助を説く教祖自らが「手本」を示す……

これは人々の心を大いにつかみましたし、同時に既存の社会体制に依拠する人々の反感もかい、のちの迫害にもつながるところでした。

前述したように、一八三〇年代は貧富の差が拡大する時代でした。

幕府は、文政年間(一八一八～一八三〇年)に品位の劣る貨幣を大量に発行しています。低質の金貨を発行し、その差＝「出目《でめ》」を稼ぐという方法で幕府財政は潤《うるお》い、将軍家や大奥では華美な生活が営まれるようになりました。商人たちの経済活動はさかんになり、庶民の文化は花開くようになりますが、同時に大都市周辺では農村の貧富の差が拡大し、犯罪も多発するようになります。

大和国は、京・大坂の上方の消費地に近いこともあり、商品作物の栽培もさかんでした。中世の農村は自治的な惣村《そうそん》が多く、人々の生活は豊かで活力がありました。それに比べて、潤っているようにみえる十九世紀半ばに近づいた農村では、貧富の差がみられ、人々の心は「利潤」や「利己」の追求ですさんでいくような状況……逆にいえば、
貧富の差がなくなり、「澄んだ心」の回復ができれば、相互扶助が機能していた活力ある大和の中世農村＝「陽気ぐらし」が実現していた社会となりえる……

まさに天理教は、この当時の社会を反転して映し出していた「鏡」だったのです。

一八三七年には**天保《てんぽう》の大飢饉《だいききん》**がおこり、大坂では東方の米の高値による利益を求めて、

米の買い占めが起こります。これにより、農村だけでなく都市部でも餓死者が出ます。幕府は無策で、憤《いきどお》った**大塩平八郎**が乱を起こしていました。

また、天理教では家族の絆をとくに重視します。子どもを産み、育てることを大切にしている側面が強い宗教です。飢饉によって貧農では堕胎《だたい》や間引《まび》きがおこなわれ、貧しい農民のあいだでは、農村への貨幣経済の浸透で子どもの身売り、年季奉公も多くみられました。中山みきの説いたことは、まさにこういった状況に対する打開と批判の「手本」でもあったのです。

金光教について

金光教は、安政六年、といいますから西暦一八五九年、川手文治郎が備中国（現在の岡山県浅口市）で開いた宗教です。

そもそも宗教は、ものすごく雑に説明すると、《教祖が神の仲介者として教えを伝えるもの》と《教祖そのものが神格化される場合》とがあります。金光教は後者に分類すべきでしょうか、教祖・川手文治郎＝「金光大神」となります。もちろん、川手文治郎は「神」を説いていて、それが「天地金乃神《てんちかねのかみ》」で、人間はもちろん、あらゆる生命を生かして育《はぐく》む天地の「はたらき」であり、「人間の親」とされています。

神さまは、なくなることがない永遠の親……親は子どもがいうことをきかない、わがままであるからといって切り捨てることはしない……子どもが困っていたら、なんとか助けようと願う……

「かわいい」のご一心こそ神の御心、という教えです。また、この神は「人々が苦しんでいるようでは神の役目も立たない」と、苦悩される神として説明されています。人間が神の恩恵を受けてくれなければ、神も、教祖も、うれしくない、というわけです。

また、万物の営みがすべて「天地金乃神」の「おかげ」の内にある、としているので、すべての神さま、仏さまに善し悪しなどない、と考え、なんと、

それぞれがそれぞれの信仰に一心となることも大切

と説いています。排他的ではなく、すべての宗教を包括するという考え方です。

このような宗教が生まれた、ということは、すなわち、この考え方の「裏返し」が安政・慶応年間の世相といえます。

一八五九年は、江戸幕府が開国し、諸外国と通商条約を結んだ翌年で、横浜・長崎・箱《はこ》館《だて》で貿易が開始された年です。以後、一八六〇年代に入ると、物価上昇や政局をめぐる抗争が社会不安を増大させ、世相は険悪となり、人の心もすさむようになりました。国学《こくがく》の

尊王思想はやがて過激になり、排他的な空気が広がっていきます。農村では世直し一揆が起こるようになります。

排他・攘夷《じょうい》の動きがみられると同時に、そのような考え方、そのような思想についていけず、ただ世の中の混乱したありさまに不安を抱いて、心のよりどころを求める人々がやはり多数派だったのだろうと思います。こうした社会の《潜在・深層意識》を反映していたのが金光教の教えであったような気がします。

熱狂と混沌と

しかし、このような「混乱した世相」の中で、逆に大きく民衆心理が暴走する場面もありました。一八六七年（慶応三年）、東海地方や近畿地方で起こった「**ええじゃないか**」の熱狂的な動きがそれです。

東海道沿いから上方《かみがた》にかけて、伊勢神宮の御札などがふってきた、と称して多くの人々が熱狂的乱舞を起こしました。

「うさばらし」「逃避」……

さまざまな側面が指摘できますが、社会不安は「秩序」と「安寧」を求める心の動きと

河鍋暁斎《かわなべきょうさい》 筆「慶応《けいおう》四 豊年踊《ほうねんおどり》之《の》図《ず》」（国立国会図書館デジタルコレクション）
舞いふる御札と乱舞する人たち。前年末の「ええじゃないか」騒動を風刺しつつ、大人と子ども13名（閏月があるので13人）が当年の「大の月」と「小の月」を示す暦になっている

はまた逆に、「混沌」へと心の天秤を傾ける場合もあるのでしょう。
十九世紀前半から半ばにかけての、黒住教・天理教・金光教の誕生は、《社会に秩序と安寧を求める人々の心》を……
幕末の「ええじゃないか」は、《社会の混沌の中でも活力をもって生きたいという人々の心》を……
それぞれ映し出していたような気がします。

【9】明治・大正・昭和時代

《宗教と権力の関係が大きく揺らいだ時代》

近代は、一体不可分だった神仏の分離から始まりました。この分離の「外科手術」は、多くの痛みと出血をともなう「廃仏毀釈《はいぶつきしゃく》」の嵐となりました。幕府支配の末端機構と堕していた寺院は、幕府とともに否定されたかに見えて、人々の信仰心（先祖を供養したい、など）はなおも寺塔経文《じとうきょうもん》を支えることになります。

近代化への急速な改革は同時に歪《ひず》みも生み、それを癒《いや》すものとして、やはり宗教は必要でした。しかし、日本の「帝国」建設とともに再び宗教は体制内にとりこまれていくことになります。そして敗戦……激動する社会変化の中で戦後の宗教は再び、排他ではない本来の寛容を取り戻すことになりました。

【9】明治・大正・昭和時代①

神々の逆襲

——廃《はい》仏《ぶつ》毀《き》釈《しゃく》のあらし

水戸藩による「寺院整理」

もう二十年以上前のことですが、茨城県のある町を訪れたことがあります。実は、この町で仕事をしていたことがある弟から不思議な話を聞いたからです。

弟「ちょっとおかしなことがあるねん」

私「おかしなこと?」

弟「お地蔵さんなんだけれど、首がなかったり、顔が削《けず》られていたりしてるんが、
　あちこちにあるんよ」

ちょっとミステリアスな話です。わたしも一瞬ギョッとしましたが、同時に、ひょっと

したら……と思うことがありました。

場所が「茨城県」というところがポイントです。

茨城県といえば、江戸時代は旧水戸藩《みとはん》の領地。水戸家というと、時代劇で有名な「水戸黄門」を思い出す方もいるでしょう。この人物は**徳川光圀《みつくに》**。徳川家康の孫にあたる人物で、水戸家では「義公《ぎこう》」と呼ばれている人物です。

実は徳川光圀、十七世紀後半に「寺院の整理」を実施しています。

寺社奉行を新たに設けて領内を調査したところ、多くの神社では「神仏習合」の状態で、ご神体の多くが仏像である場合が多かったようです。光圀はこれを改めさせ、ご神体を「鏡」や「幣」としました。さすが『大日本史』の編纂《へんさん》を開始した人物だけあって、「歴史的事実」と異なるものを徹底的に改めさせています。なかなかの徹底ぶりで、たとえば天満宮に祀《まつ》られている菅原道真公の服装がどうも間違っているようだ、と考え、有職故実《ゆうそくこじつ》を調べさせて、なんと平安当時の衣冠束帯《いかんそくたい》に改めさせた像を設置しています。

また、まともな学僧がおらず、無知な僧が多い寺院を処分したり、民衆に詐欺《さぎ》まがいの教えを説いて暴利をむさぼっていた僧などを処罰したりしています。織田信長もびっくりですが、得体の知れない小寺院は悉《ことごと》く破却したようです。

「**一郷一社**」の制度も実施しました。歴史ある神社だけを残し、村の「鎮守」を復活させ、整理された神社は三千に及んだといいます。

この徳川光圀の「姿勢」で、ふと思ったことがありました。飛鳥時代の蘇我氏と物部氏の争い、そして聖徳太子の政治、それから奈良時代の長屋王の政治、鑑真来日後の戒律の徹底……これらは実は、徳川光圀のような「宗教整理」だったのではないでしょうか……

ともあれ、徳川光圀のおこなったことは、「弾圧」ではなく、神祇《じんぎ》・仏道の原理主義、「純化」だったような気がします。後年、これが伝統的な水戸徳川家の、学問はもちろん宗教上の方針となったとはいえないでしょうか。

「廃仏毀釈」のパイロット版？

山川菊栄《やまかわきくえ》の『覚書・幕末の水戸藩』（岩波文庫）に、第九代斉昭《なりあき》の宗教政策を示した、天保十三年（西暦一八四二年）の布告についての記述があります。それによると、

「領内の寺院の釣り鐘や金属製の仏像を鋳《い》つぶして大砲にする」

「大きな村には鐘は一つ、小さな村は数村で一つだけを残して、他はすべて没収」

「淫祠《いんし》や邪教と認められた二百余寺の破却、不良僧侶、修験者の追放、還俗」

「水戸東照宮からの僧侶の追放」

山川菊栄 (1890-1980)

……などなど。これ、二百年ほど前の徳川光圀さんがやったことと同じやん、と指摘できそうです。翌年にはさらに寺院改正令を出してこれを徹底するのですが、末端の奉行所および役人の執行は過激化しました。鐘や金属製の仏像、仏具だけでなく、大砲鋳造と無関係な木製の仏像、石仏なども没収、破却されるようになりました。没収された木製の仏像、石仏などは明治になってからも、あちこちにうち捨てられたままになったようです。

これが冒頭の「首の無いお地蔵さん」の真実です。実は、これが明治時代に出された「神仏分離令」に始まる「廃仏毀釈」のパイロット版となったのではないでしょうか。

明治新政府の「神仏分離令」

「神仏分離令」は一八六八年閏《うるう》四月に出されています。「五箇条の誓文」が一八六八年三月。そして閏四月に政体書が出され、明治政府の新しい政治体制が発足していますから、神仏分離令は最初に出された法令群の一つです。

政体書によってつくられた太政官《だじょうかん》は、《立法権》の**議政官**、《司法権》の**刑法官**、さらに《行政権》の**行政官・外国官・会計官・軍務官・神祇官**の七官から構成されています。

「神仏分離令」はこの神祇事務局から全国の神社へ通達されました。

このたび、諸国の大小の神社において神仏混淆《こんこう》のことは廃止となったので、別当《べっとう》（寺社のトップ）をしている社僧たちは僧籍を離れて俗人となったうえで、神主・社人などの称号にかわり、神道をもって奉仕するようにせよ。もしまた、やむをえない事情があったり、または仏教信仰に入っていたりして還俗することに同意できない者たちは、神への奉仕をやめて、神社を立ち退《の》くようにせよ。

読めばわかるように、神仏習合の慣習を終わらせ、神社奉仕者が僧籍から離れることを命じたものです。べつに明治政府が仏教弾圧を指示していないことは明白です。

純化＝排他化＝過激化

ところが、この法令を受けた地方の神社の神官、国学者らは「過激」な行動に出ることになりました。国学は、日本の本来の文化や精神を明らかにしようとする学問で、それ自体、文芸復興運動としてはよくある姿勢です。しかし、重層的な日本の文化から、さまざまな外来文化を除く「純化」に通じて、排他的な動きをともないました。復古神道を説いた**平田篤胤**《あつたね》の弟子たち（平田派）が、明治政府の中で国家神道樹立の動きに大きな影響を与えるようになったのです。

神社からの仏教要素の排除だけだったはずの神仏分離令が、なぜ寺院、仏教への弾圧へと《発展した》のか（あるいは《すり替わった》のか）は、**明治政府による江戸時代の否定**という枠組みから理解したほうがよさそうです。幕府は、キリシタンの禁教政策をきっかけに宗門改めを実施して寺請《てらうけ》制度を確立し、民衆支配の、いわば出先機関として寺院を活用してきました。幕藩体制の社会制度の側に「寺院」があったことで、反幕府の活動をしてきた尊王攘夷派の「標的」になりやすい状況がありました。

寺院によっては、人々との心のつながりではなく、寺檀《じだん》制度（寺請・檀家制度）をよいことに、民衆を財政基盤としてしかみておらず、宗教的怠惰や腐敗に陥《おちい》っていたところもあったようです。それを快く思っていなかった人々の怨嗟《えんさ》の的になっていたのです。そして、いったん火がついた民衆運動は、過激化するのが常です。

神官や一部過激な国学者に使嗾《しそう》された（そそのかされた）民衆が、暴徒と化したケースもあったようですし、民衆はむしろ寺院の側に立ちながらも、武装した一団をおそれてただ傍観するだけ、というケースもありました。日吉山王社（比叡山延暦寺の鎮護社・現在の日吉大社）の場合は後者の典型的な例で、武装した一団が押しかけ、ご神体であった仏像を破却し、仏具・経典を焼き捨てました。仏像に矢を射込んだ、という話も残っています。

「開放的《オープンスペース》な」奈良・興福寺の秘密

奈良に興福寺という寺院があります。神仏分離令によって僧侶は春日社の神職になることを強要され、築地塀《ついじべい》は取り除かれてしまいます。奈良公園に行っていただければわかりますが、興福寺の寺域が壁で囲まれておらず、ほぼ公園とそのままつながっているのは、このときの廃仏毀釈運動以来の状態だからです。ここで注目すべきは、この神仏分離によって興福寺の持っていた寺領が没収されていることです。神仏分離令によって、寺院の財産を接収する、という意味もあったように思います。

祇園祭で有名な八坂神社が、「祇園社」から改称されたのもこのときからです。

また、鎌倉の鶴岡八幡宮は、もともと「鶴岡八幡宮寺」という**神宮寺**（神仏習合の寺社）でしたが、そもそも「八幡大菩薩」が本地垂迹説の具現化したものです。社僧は神職となり、域内にあった寺堂はことごとく破却されてしまいました。

京都・奈良・鎌倉のような「古都」はもちろん、地方でも廃仏毀釈は大規模に展開されます。明治維新の中心的な藩であった薩摩藩では、一〇〇〇ヵ寺以上あった寺院が、なんとゼロ、となってしまっています。

【9】明治・大正・昭和時代②

復古と革新の迷走
――ウチとソトを使い分けた新政府

初期の明治政府は「藩閥」ではなかった

「廃仏毀釈」は、明治政府の相反する「二面性」をよく示したものである、といえます。二面性とは「近代的」側面と「復古的」側面です。

「五箇条《ごかじょう》の誓文《せいもん》」（現在の教科書では「御」がありません）で近代国家の建設をめざすことを提唱しているにもかかわらず、同時に、「五榜《ごぼう》の掲示」を示して、キリスト教の禁止などを説いています。アメリカの政治制度を取り入れた

《三権分立》をめざしているかと思えば、その政治のしくみには「太政官」という《律令政治》の組織を復活させ、神祇官が設けられています。大教宣布の詔では、神道の国教化がめざされました。

この「復古と革新の迷走」は、一八六八年から一八七一年まで続きました。

迷走の理由についてみるまえに、よく間違えることなのですが、明治政府は、

《薩《さつ》・長《ちょう》・土《ど》・肥《ひ》》

で、とくに、

《薩摩《さつま》藩》と《長州《ちょうしゅう》藩》がその中心にあった

と考えられがちなのですが、最初の四年間は《反幕府の諸藩・公家連合》でした。

しかも一八六七年の王政復古の大号令が出されたときは、長州藩はようやく「朝敵」から解除されたばかりで、最初の政府には長州藩からはだれも参加していません。

最初に設けられた政治組織の「三職《さんしょく》」は、「総裁」「議定《ぎじょう》」「参与」から成り立っていましたが、一八六八年三月の段階で、ようやく長州藩も本格的に新政府に参画できるようになりました。

「議定」は、皇族五名、公家十二名、大名は島津忠義《ただよし》（薩摩）・徳川慶勝《よしかつ》（尾張）・浅野長勲《ながこと》（広島）・松平慶永《よしなが》（福井）・山内豊信《とよしげ》（土佐）・伊達宗城《むねなり》（宇和島）・細川護久《もりひさ》（熊本）・鍋島直正《なおまさ》（佐賀）・蜂須賀茂韶《もちあき》（徳島）・毛利元徳《もとのり》（長州）・池田章政《あきまさ》（岡山）。

「参与」は、薩摩藩が九名、長州藩・福井藩が五名ずつ、佐賀藩・土佐藩・広島藩が三名ずつ、尾張藩・宇和島藩・岡山藩・鳥取藩二名ずつ、その他八名の「諸藩士・国学者」から構成されていました。この「参与」の国学者らが、神祇官の中で神仏分離や神道国教化をめざす「復古的な」政策に影響を与えていたのです。

「廃藩置県」はクーデター

新政府の中で、薩摩・長州が中心的存在となるのは、一八七一年の「廃藩置県」で公卿・諸侯が一掃されてからの話……ある意味、「廃藩置県」は公卿・諸侯を排除するためのクーデターのようなもので、いわゆる薩長を中心とする「藩閥政府」の体制はこれ以後のことです。

大教宣布の詔が出されて神道の国教化がめざされたものの、急にその方針が転換され、宗教的な復古が消える背景は、「廃藩置県」の実施により旧藩の解体が進んで、「議定」「参与」から、尊王攘夷派や水戸学あるいは平田派などの《雑多な反幕府勢力》が姿を消した（いわば、ほんとうの近代化が始まった）から、ともいえるのではないでしょうか。

明治政府の「二面性」

加えて、諸外国からキリスト教の禁止解除を求める声も高くなってきました。

一八六八年、長崎の浦上《うらかみ》にいたキリシタンたちが改宗を求められたにもかかわらず改宗しなかったという事件が起こり、新政府は「五榜の掲示」の《キリスト教を禁止する》という項目を理由に拷問を加え、改宗を強制、改宗しない村人を流刑にしました。

ところが、一八七一年から岩倉具視《ともみ》使節団が派遣され、欧米との条約改正交渉が始まると、キリスト教を認めない日本の姿勢が条約改正交渉の妨《さまた》げになるという考え方が広がり、**森有礼《ありのり》**が禁教政策の後進性を提唱し、また西本願寺の僧侶であった**島地黙雷《もくらい》**も政教分離を強く提唱するようになり、国内の廃仏毀釈運動やキリスト教弾圧を批判するようになりました。

こうして、一八七三年に五榜の掲示に示されていたキリスト教禁止の高札が撤廃されることになる……と、教科書などには説明されているところなのですが、ここでもまた、明治政府の「二面性」がみられました。

諸外国は高札の「撤去」をみて、キリスト教が解禁されたと考え、イギリスでもそれが報道されました。

これに驚いたイギリスにあった日本の公使館は、外務省に「キリスト教はもう解禁されたのか？」という問い合わせをします。すると外務省は、「そんなことはない。周知徹底されたから立て札を撤去しただけだ」と回答しているのです。

諸外国にはキリスト教を解禁したかのようにみせかけて、国内的には認めていない、という姿勢がみられます。

キリスト教解禁はいつ？

実際、一八七五年、函館でキリスト教の布教を官憲が取り締まったとして、イギリス領事が外務省に抗議したのですが、外務卿の寺島宗則《むねのり》は、はっきりと、「日本はキリスト教を認めていない。政府は禁止していて、この制度が撤廃されたことなどない」と回答しているんです。

明治政府は公式に「キリスト教を認める」と発表したことは一度もなく、結局のところ一八八九年の大日本帝国憲法発布によって「信教の自由」が認められるまで、キリスト教は禁止されていた、といえるのです。

【9】明治・大正・昭和時代③

宗教と戦争
——日本人として避けて通れない問い

社会の閉塞感と「新宗教」の登場

第一次世界大戦中、日本はいわゆる「大戦景気」にわき、化学・造船などの分野で経済発展をとげました。ヨーロッパ諸列強が戦争のために貿易量を減らすと、日本はアジアとくに中国との貿易で利益をあげ、またヨーロッパとくにドイツからの化学薬品などの輸入が途絶えたことから、逆に化学薬品の国産化が進みました。

好景気は、すなわちインフレです。諸物価も高騰《こうとう》し、シベリア出兵による食料需要の高まりを見越した米の買い占めがおこなわれたこともあり、全国で米騒動なども起こりました。好景気とは裏腹に、貧富の差が拡大し、社会矛盾も表面化していきます。戦争による「特需」は、戦争が終わるとたちまち終息し、不景気のサイクルに入りました。

一九二〇年には「戦後恐慌」、一九二七年には「金融恐慌」に陥り、さらに一九二九年には「世界恐慌」に巻き込まれ、社会全体に閉塞感が広がることになります。江戸時代を通じて仏教は「葬式仏教」化して、人々の救済という本来的な役割が希薄となっていました。こうした社会の閉塞感と人々の思いに応えるかのように、「**新宗教**」と呼ばれるさまざまな宗教・教義・信仰が生まれることになります。しかし同時に、人々の視点は「個人の救済」だけでなく、「社会の救済」という方向にも向けられていく時代になりました。

「個人」から「社会」全体の救済へ

一九三〇年代に入って、現在の状況を「大陸進出」によって打破しようという「空気」が広がります。もちろん、「満蒙《まんもう》は日本の生命線」といったような軍部のプロパガンダもありましたが、そもそも人々の意識の中に「社会の改善」「世の中全体の救済」という意識がなければ響きません。

誤解をおそれずにいうならば、大乗仏教は、「個人の救済」のためには社会全体の幸福が実現しなくてはならない、という考え方に共鳴しやすい部分があります。個人の救済よりも他者の救済を追求する「利他行」は、世のため、人のため、という意識を延長し、「滅私奉公」へと誘導されやすいといえなくもありません。

宗教者自身がよほど精神的骨格が太くなければ、権力者や政府に利用されかねない（悪用され、体制内に取り込まれやすい）性質を有しているのでしょう。

「総力戦体制」という言葉があります。宗教・信仰も、その総力戦体制の枠組みの中に入る、あるいは動いていく、ということになりました。

総力戦体制の定義は、ほぼ次の六つで説明できそうです。

①強い権限を持つ政府あるいは軍部
②軍需工業優先の産業に編制
③女性や青少年を軍需工業の生産に動員
④食料の配給制などを実施
⑤国民の消費生活を統制
⑥言論・出版・報道の統制

思想面での「統制」と同様、宗教・信仰の「統制」と「体制内化」は、満州事変以降、深化します。「神仏分離令」以降、国家神道として他宗教とはちがう立場にあった神道は、戦勝祈願祭、出征軍人の祈祷や御守札の授与などをおこなってきました。

日中戦争が開始され、国家総動員体制が始まると、政界・経済界のさまざまな部署で

「集団参拝」もおこなわれるようになります。地方自治体も職員と知事が一丸となって神社参拝をおこない、工場従業員らも、工場長とともに集団参拝をおこなうようになってい社参拝をおこなうようになっていきます。祝祭日での行事の定式化・画一化も進み、学校などでも祝賀式がとりおこなわれています。また、午前九時に皇居にむかって遥拝《ようはい》する「国民奉祝ノ時間」も設けられていきます。

「国家総動員」の様子は、宗教や信仰の儀式のあり方にもよくあらわれていたといえるでしょう。とくに日中戦争以後の大陸での布教は、国内以上に「神仏分離」が徹底され、神道は特別な地位にあったことがわかります。満州国は、実は一九三七年十二月に治外法権を撤廃しているのですが、日本の行政権のうち、神社と教育だけは残されているんです。

植民地、というのは文字どおり「植民」する場所。そこに住む日本人が、日本人としての生活を保持できることが植民地支配の条件です。神社を通じた宗教生活や、日本式の教育が在地の日本人に担保されていたことは、日本の大陸進出や満州の支配は、宗教政策から眺めると、まぎれもない「植民地支配」であったことがよくわかります。

キリスト教の体制内化

一九三〇年代には、キリスト教会も体制内に取り込まれていきました。「ある事件」を例にとって、キリスト教の体制内化の説明をしたいと思います。ある事件とは、一九三二年五月に起こった「**上智《じょうち》大学生靖国《やすくに》神社参拝拒否事件**」です。

当時、学校には「学校教練《きょうれん》」と称して陸軍将校が派遣されていました。もちろん、大学にも派遣されています。この将校が、上智大学の学生六十人を連れて靖国神社に参拝しようとしたところ、うち二人の学生が参拝をしませんでした。

これを陸軍が問題視します。そして学校教練将校の引き上げを示唆しました。

実は、「学校教練」を履修すると兵役が十か月短縮されるのです。つまり、陸軍が学校、とくに大学などの教育機関に対する思想・言論統制をおこなう手段になっていました。日本カトリック教会東京教区長シャンボンは、文部大臣に対して参拝の意義を照会しました。「靖国参拝は宗教行為ではなく儀式である」という回答を得るためです。

この一言があれば、カトリックとしても「参拝」を「儀式」と解釈できます。そうすれば、教会存続のため、いたしかたないこととはいえ、なんとか信仰心を害することなく靖国参拝に「参加」できる「名目」が立つからです。

当時の文部次官からの回答は「参拝は忠君・愛国のためである」というものでした。カトリック教会側は、これをもって靖国参拝は宗教行為ではないとします。

ところが事態はこのまま穏便には終わりませんでした。『報知《ほうち》新聞』（十月一日）がこの問題を取り上げてしまい、カトリック教会への風当たりが強くなってしまいます。カトリック教会は十二月、『カトリック的国家観』を出版し、愛国・忠君のための神社参拝を許容すべきことを明らかにせざるをえなくなりました。

これをうけてようやく陸軍は、陸軍将校を上智大学に戻すことになったのです。そしてこれを追認する形で、一九三六年五月二十六日に出されたのが「聖省訓令」でした。

「政府によって国家神道の神社として管理された神社において通常なされる儀礼を、(政府が数回行った明らかな宣言に従って)国家当局も、また、文化人の共通な考えも、単なる愛国のしるし、すなわち皇室や国の恩人たちに対する尊敬のしるしとだけみなしている。」

(西山俊彦「神社参拝と宗教的行為の規定の恣意性」より)

仏教の戦争協力や体制内化

さて、仏教なのですが……仏教の戦争協力や体制内化は、日清・日露戦争にまで遡《さかのぼ》れます。従軍する僧の派遣、戦病者、戦傷者、戦争遺族の慰問《いもん》などをおこなっていました。

浄土真宗の西本願寺派(浄土真宗本願寺派。通称「お西《にし》」)は、宗主とその妻は地方巡回、軍隊慰問などをおこない、国債の購入、戦死者への法名授与なども積極的におこなっています。

また、浄土真宗だけでなく、日蓮宗や禅宗などにおいても、靖国神社やその他の神社がおこなう戦没者慰霊《いれい》に加え、戦死者追弔《ついちょう》の行事、供養の法事などをおこなっています。葬儀や法事、追弔行事などでは「法話」や「講話」がおこなわれましたが、これらを通じて、死者と生者をまとめてナショナリズムを培《つちか》う機能も同時にはたしていたようにも思います。

一九三〇年代、「皇道仏教」という運動が展開されていきます。「仏主王従」の思想を逆転させ、仏法が王法の指導下に入る、というものでした。

もともと、仏教界は、韓国併合、満州国建設など大陸進出の動きにあわせて、「大陸布教」を進めていました。しかし、やはり日中戦争の開始とともに、「大陸布教」の性質が大きく変わりました。

「東伝」で完成した仏教を「西伝」させる

「皇道仏教」は以下のような考え方で、日本の大陸布教をおこないました。それは、仏教は「東伝」の過程でさまざまな文化・思想を取り入れ、日本の文化との融合で完成した、という考え方です。よって、完成された仏教を「西伝」させる、というのが大陸布教の目的の一つでした。

いわゆる「十五年戦争論」では、満州事変・日中戦争・太平洋戦争は一体的に理解できる日本の進出行動である、と考えられていましたが、宗教の動向からみると、満州事変と日中戦争のあいだには大きな断絶があり、「十五年戦争」と括《くく》るには無理を感じます。

「日蓮主義」という思想

さて、日蓮宗は、その思想面で一九三〇年代に大きな影響を与えます。

日蓮は天変地異、飢饉、疫病蔓延の十三世紀にあって『立正安国論』を著しました。天変地異の原因は、幕府や人々が誤った教えを信仰し、正しい教えに背を向けているからである、と説いたのです。

正法つまり法華経に帰依《きえ》すれば、国は安らかに治められ、仏国土《ぶっこくど》が体現される……

学校教育では、鎌倉仏教のところで日蓮の著作として『立正安国論』があげられていますが、意外なことに、明治中期までは日蓮の代表的著作と考えられていませんでした。明治時代に『立正安国論』を「発掘」したのが**田中智学**《ちがく》と**本多日生**《にっしょう》です。

近代以降、日蓮宗の信仰は、次のように分かれて流れていきます。

一つは高山樗牛《ちょぎゅう》、宮沢賢治に代表されるように、法華経へ帰依し、国家を超えて普遍的な「個人」として信仰するもの。

一つは田中智学、本多日生から北一輝《いっき》や石原莞爾《かんじ》にいたる流れで、日蓮と法華経の教えを国家主義、ナショナリズムの核心にしようとするもの。

一つは新しい宗教運動としての民衆中心の創価学会や霊友会のような宗教団体の動き。

この三つです。

田中智学は大東亜共栄圏のスローガンともいうべき「八紘一宇《はっこういちう》」という言葉をつくった人物でもあります。満州事変の中心人物、石原莞爾は、日蓮の教えと田中智学の思想もふまえて『世界最終戦論』を著しています。日蓮の『立正安国論』の国家観にもとづいて、国家と民衆のあり方、世界と日本のあり方をどうすべきか、『立正安国論』の近代日本における新解釈は、宗教の枠組みを超えて「日蓮主義」という思想となりました。

アジアから理解されなかった「王道」

もともと、幕末の水戸学に端を発した「国体論」は、明治維新後、一つの具体的な思想として形作られていきました。日本の独自性は「万世一系の皇統」にあるとし、神代からの伝統、歴史を国民のよりどころとし、その中心に常に天皇があった、というものです。

この「国体」を護持する方便を『立正安国論』に求める形で、日蓮主義と「国体論」は矛盾することなく一体となっていきます。

神仏習合の時代には、アマテラスオオミカミは法華経の守護神として理解されていましたが、明治以降は「仏主王従」から「王主仏従」へと変化しました。

石原莞爾の思想、『世界最終戦論』では、「帝国主義」に対して「王道主義」という考え方が唱えられています。

実は、明治時代初期、日本の外交政策を二分した「征韓論」における西郷隆盛の考え方にも似ているところがあり、強国が侵略と支配によって弱者を従わせる「覇道」ではなく、強国が弱者に対する寛容にもとづいて協力関係の中心となる「王道」を、石原莞爾も考えていたようです。

西洋に対する「東アジア」を確立するため、「日・満・支」三国の「東亜連盟」を結成し、その盟主は「日本」ではなく「天皇」である、と石原は説明しました。

昭和維新、東亜連盟、そして最終戦争……

政治体制の変革、日本の大陸進出、欧米との決戦……

石原莞爾の『世界最終戦論』の章をみると、

一　戦争史の大観
二　世界最終戦争
三　世界の統一
四　昭和維新
五　仏教の予言
六　結語

となっていて、満州事変・日中戦争・太平洋戦争は、この章の逆から進行したことがおもしろいところです。

「五　仏教の予言」七七ページで、こう説明しています。

「日本を中心として世界に未曾有《みぞう》の大戦争が必ず起こる。其《そ》の時に本化上行《ほんげじょうぎょう》が再び世の中へ出て来られ、本門の戒壇を日本国に建て、茲《ここ》に日本の国体を中心とする世界の統一が実現せられるのだ。」

この思想が広がった、とは申しません。この時代の「空気」が、この思想に反映しているというべきでしょう。

満州事変以降、軍部・官僚の中にこのような「空気」が生まれ、これを実現するかのように「昭和維新」「東亜新秩序」そして「太平洋戦争」へと進む……

「予言」的中というべきか、**「予言」実行**というべきか……

しかし、「昭和維新」を掲げた二・二六事件は失敗し、「東亜新秩序」の建設は中国国民党・共産党からは共感を得られず、「太平洋戦争」は敗北に終わりました。

政治的単位と民族的単位の「接着剤」

アーネスト＝ゲルナーはナショナリズムをこう定義しています（加藤節・監訳『民族とナショナリズム』岩波書店）。

「政治的単位と民族的単位とが一致しなければならない」とする一つの政治原理である。

政治組織と共同体をどう結びつけるのか。この両者の「接着剤」は国によってちがうのですが、近代日本においては、宗教が一定の役割を担っていたというべきでしょう。

「宗教」というよりも「教団」組織の問題

それにしても……国家神道はともかく、宗教が体制内に取り込まれたり、戦争に協力したりしたのは、いったいなぜだったのか……変な言い草ですが、「宗教」が取り込まれたというのは不正確で、「教団」が取り込まれた、というべきかもしれません。

組織指導者は、必ず「組織防衛」を図ります。国家神道を掲げる政府の下で、**教団を守るために**競うように戦争に加担し、協力していったのだと考えられます。

戦争の敗北と民主化は、「教団仏教」の、

《組織化された「信仰・宗教」行為からの解放》

という側面があった、というのは大げさでしょうか……

組織に縛られない、ゆるやかな「個」の信仰、「なんでもあり教」のような現代社会の宗教・信仰は、「神仏分離」から、再び古来の「神仏習合」、いわば「新・神仏習合」に反転した、というべきなのかもしれません。極端に振った振り子のゆりもどしで、ええかげん（よいかげん）の位置に落ち着いたというべきでしょう。

【終章】

そして「なんでもあり」へ――寛容と受容の日本文化

最後に、日本的「重層文化」のおさらいを……

日本の文化は、前にも申しましたように、「重層文化」です。いろんな「層」の重なりで成り立ってきました。信仰・宗教もまた同じ……

縄文時代、死んでしまった人は「災《わざわ》い」をなすものとしておそれられ、それを封じるかのように「**屈葬**」という方法がとられていました。

「死者」をおそれる、という意味では、死体をていねいに扱うようになった弥生時代もまた同じで、「おそれ」は「穢《けが》れ」に転じて、遺体は集落から離れた場所に葬られました。

死体は腐敗し、悪臭を放ち、みるみる醜悪《しゅうあく》な姿と化していく……

しかし、やがて肉は土となり、白骨化した遺体だけが残る……

こうして穢れが落ち、浄《きよ》められた、と考えられました。

そして六世紀に**仏教が伝来**します。もし仏教が伝来しなければ、当時の人々の習慣・信仰は長くそのままの状態が続いていたことでしょう。仏教の伝来によって「骨」を重んじる習俗が加味され、穢れが浄化されたものが「骨」となったのも、縄文・弥生の信仰に仏教が重なったからこそでしょう。「遺骨」というのを、ことのほか大切にする習慣が生まれました。

もともとの信仰に仏教が加わり、人々の生活の中に溶け込むいっぽう、政治の世界では**宗教の利用**も始まりました。飛鳥時代以降の「神々」と「仏」の関係は、律令国家の成立過程の中で、人々の「統合」、中央集権化に寄与《きよ》していくことになります。日本が唐の制度を手本にして取り入れたといわれる政治制度ですが、実際は、中国の「三省六部」とは異質の「二官八省」の制度でした。政治という《俗》を扱う「太政官」と、神祇《じんぎ》という《聖》を扱う「神祇官」を設置し、天皇が《聖・俗》を統合する形態をとっている点も、日本の独自性と中国の制度が層をなしている部分といえるでしょう。

奈良時代を通じて寺院が荘園領主化し、「俗」との関わりを深めるなかで、新しい仏教が「聖」として重ねられる平安時代となりました。「**政教分離**」は旧教（従来の仏教）と政治の分離で、新しい仏教は、皇室や天皇との深い関わりをもっています。

いっぽう、庶民は……

平安末期から鎌倉時代にかけては、政治的にも社会的にも大きな転換期。貴族の没落、源平の争乱、あいつぐ天変地異は、当時の人々を不安がらせるのには十分でした。

しかし、それを解決するはずの宗教界は、といえば……

寺院・僧侶の堕落《だらく》は甚《はなは》だしく、僧兵をたくわえては勢力を競《きそ》い、俗世の地位と権力を争うのが常でした。旧来の仏教にはもはや人々の心を救う力はなく（と当時の民衆は考え）、確かな救済と新しい教えを強くのぞむような雰囲気があったとしても不思議ではないでしょう。で、登場したのが浄土宗・浄土真宗・時宗・曹洞宗・臨済宗・日蓮宗の「**鎌倉六宗**」です。これらには、すでに述べたように次の三つの特徴がありました。

①救われるためには、複雑な修行なんか、いらないよ。**《易行》**
②経典はたくさんあるけどさ、これ一つでいいのだよ。**《選択》**
③そして、それだけを、ただひたすら信じなさい……。**《専修》**

《単》にして《純》なモノ……《複》にして《雑》な俗世では、これほど心に浸透するものはありません。それに対して旧来の仏教は俗世にまみれ、僧は学術研究に専念し、それだけならまだしも、一部の僧たちは貴族化し、人を救わず私利私欲にはしり、大伽藍《だいがらん》を建て、豪華な装飾をほどこした仏像を刻む……

法然は、寄進も、学問も、厳しい戒律も必要がない、阿弥陀仏にすがって念仏を唱えれば在俗のままで極楽往生できる、と説きました。阿弥陀仏と一人一人の信者が直接につながっている、したがって寺塔経文《じとうきょうもん》などの「仲介物」を必要とはしないのだ、というワケです。親鸞もまたしかり……罪深い悪人こそ救われる……

おさらいの途中ですが……立ち止まります

見事な論理なのですが、でも……と、わたしは思うのです。「仲介物」なしに、目に見えぬ阿弥陀仏と結ばれるのは、《一人一人がよほど強い意志を持っていないとダメだ》と思うのです。「易行」でよいと納得して「選択」し、それを「専修」する……すべての人にひたむきな意志があるとの前提に立ち、人というのは罪深いものだと認識する……

論理としてはわかる。でも……

《「わかりやすい」「やりやすい」、だから「正しい」のか？》

《「選ぶ」ということは、「他を捨てる」ことでもあるのでは？》

《「ひたすら」とは「思いこみ」でもあるかもよ？》

《正しいと思えない、捨てることもなかなかできない、そんなにまじめに取り組めない》

わたしは、人間の持つこうした心の弱さや迷いを忘れてはいけない、と思うのです。

現実の民衆は、こんな人たちのほうが多数派です。そんな人たちのためにも、寺塔や経文などの**目に見える「仲介物」は必要**だったのです。

つつましく貧しい庶民にとって、豪華な寺塔、神秘的な儀式をともなうお寺の門をくぐることは、自らの貧しい世界を忘れ、地上の極楽（しかも「自分たちのもの」で、だれでも、いつでも入れる）に浸《ひた》ること……

人々の、この《素》にして《朴》な感情が、何百年もかけて寺塔経文を支えてきました。よって、日本の宗教文化として神社仏閣が残り、現在においても人々はこれらを大切にしています。

日本的な「第三の仏教」のあり方

大阪市に四天王寺という寺院があります。聖徳太子建立の寺院であることはすでに説明しましたが、旧仏教でもない、新仏教でもない、一つの日本的な第三の仏教のあり方で、しかも、日本人の多数派の心情に合致するかのように、どんな宗派も受け入れ、どんな人々に対しても門を閉ざさない……「大阪の仏壇」と呼ばれ、ず〜っと大阪の庶民に親しまれてきました。こういう形もまた、日本の信仰のあり方です。

「宗教のことは、よーわからん」

「どれがええのか、わからん」
「そんなちゃんとしたこと、でけへん」
「けど、救われたいねん」
という庶民のための信仰の場……は大切ですし、こんな「第三の道」も、日本の宗教は用意することになります。

ここから再び、おさらい開始

江戸時代、宗教は幕府の統制下に入ることになります。弾圧するよりも、体制内に入るかぎりは、利用する方法をとっています。宗教の側も、生き残りのために体制内に取り込まれ（あるいは自ら進んで入り込み）、宗教としては儀式的に、政治的には支配の出先機関として人々の暮らしの中に入り込みました。

明治時代には仏教は、神仏分離令による政府の意図せざる「**廃仏毀釈**」の過酷な弾圧を受けますが、なお存続し、日清・日露戦争、満州事変、日中戦争、太平洋戦争を通じて政治とのつながりを深めます。しかし、それでも、先祖供養や人々の来世、現世での幸せに応えようと、その都度いろいろな形に変化してきました。

これらを通じて結局のところ、薄くて広い、けれども、しっかりとした手応え、というものをそれぞれの宗教、宗派が身につけていくようになった気がします。

自分の正直な基準を世界にも

先ほど、「宗教のことは、よーわからん」「どれがええのか、わからん」「そんなちゃんとしたこと、でけへん」「けど、救われたいねん」という庶民の気持ちを説明しました。でもこれ、そのまま人々の、異文化受容の基準でもあったのではないでしょうか。

「詳しいことは、わからない」
「どれがいいのか、わからない」
「ちゃんとしたことは、できない」
「けど、うまく利用したい」

という《モノ》や《コト》を、日本は多く取り入れてきたような気がします。そして、できないことは《できる人にまかせて》しまう……

古墳時代の文化、飛鳥時代の文化、白鳳時代の文化、奈良時代の文化、平安時代の文化、鎌倉時代の文化、室町時代の文化、桃山時代の文化、江戸時代の文化、そして文明開化などなど……どれにも共通している思い（基準）のような気がします。

「異文化習合」という大団円

そして戦後、日本は大きな《レジーム・チェンジ》を図ります。

憲法は改正され、民主化が進み、独立を回復して、高度経済成長を遂《と》げました。

その中で、生活様式も大きく変わり、技術革新も進んでいきました。

しかし、「詳しいことは、わからない」「どれがいいか、わからない」「ちゃんとしたことは、できない」「けど、うまく利用したい」というコトを、人々はさまざまな商品、製品、サービスに求め、企業もそういう思いに応えたモノ、コトを提供してきているような気がします。案外と、こういうところに、日本におけるビジネスでの成功の秘訣が隠れているのかもしれませんね。


朝、起きて歯を磨き、テレビをつける。

朝の番組でニュースなどをチェックし、今日の星占いをみて一喜一憂する……

結婚式は「大安」を選び、葬式は「友引」を避ける……

子どもが産まれる前には安産を祈願し、産まれたらお宮参り、クリスマスパーティーもするし、昨今はハロウィンでも盛り上がる……

かつて日本の宗教が儀式に深く関与したごとく、現代では、本来ならば宗教の儀式・信仰を示すはずの行事が、多くのイベントとなって受け入れられています。

「神仏習合」をさらに超越した「**異文化習合**」ともいえる状況は、実は最も日本的な状態なのかもしれません。

「うすく広く、けれども手応えがある」モノやコト……

わかりにくくても他を捨てることなく、深くのめりこまない……

ときに極端に振れるときはあっても、うまく復元していく。日本の一見《無味乾燥な物質文化》の背景にも、長い歴史で育んできた《信仰・宗教の精神文化》があるような気がします。

（了）

【著者紹介】
浮世博史（うきよ ひろし）
奈良県北葛城郡河合町の私立 西大和学園中学校・高等学校 社会科教諭。難関中学に合格者を輩出する進学塾浜《はま》学園にて社会科主管・教育研究室主管、同じく進学塾 希《のぞみ》学園にて社会科主管を歴任し、塾講師として二十年近く中学受験・高校受験の指導にあたる。その後、大阪市天王寺区の私立四天王寺中学校・高等学校 社会科主任をへて現職。
著書に『浮世博史のセンター一直線！世界史b問題集』（文英堂）、『日本人の8割が知らなかったほんとうの日本史』『超軽っ《ちょ～カル》！ 日本史』（ともにアチーブメント出版）がある。

宗教《しゅうきょう》で読《よ》み解《と》く日本史《にほんし》
二〇一九年十二月二十一日 第一刷発行
著　者——浮世博史《うきよひろし》
発行者——徳留慶太郎
発行所——株式会社すばる舎
東京都豊島区東池袋三丁目九番七号
東池袋織本ビル（〒一七〇－〇〇一三）
電話 〇三－三九八一－八六五一（代表）
〇三－三九八一－〇七六七（営業部）
振替 〇〇一四〇－七－一一六五六三
http://www.subarusya.jp/
装　幀——華本達哉（株式会社aozora）
印　刷——株式会社光邦
落丁・乱丁本はお取り替えいたします
 ISBN978-4-7991-0874-1